Вырезаем СНЕЖИНКИ

～ロシアから舞い降りた～

切り紙でつくる 雪の結晶

V. V. セロワ　V. J. セロフ　共著／井上 歌織　訳

マール社

Содержание《もくじ》《サジェルジャーニエ》

Вступление《フストゥプレーニエ》
はじめに

「切り紙細工」誕生の歴史

「紙」から模様を切り抜くアート「切り紙細工」は、さまざまな民族に古くから伝わる工芸です。誕生の地はおそらく中国でしょう。西暦105年頃に、中国の蔡倫《さいりん》という人物が製紙法を改良し、実用的な紙が作られるようになりました。当時出回りはじめたばかりの新素材「紙」は、きわめて高価でした。そのため「切り紙」は、もっぱら宮廷の人びとのための愉しみでした。おしゃれな女性たちや美しい女官たちは紙から絵を切り出し、顔や髪などに貼って飾りにしたのです。その後13～17世紀になると、紙の価格は大幅に下がり、より入手しやすくなります。切り紙細工は中国の伝統的な装飾アートのひとつ、「剪紙《ジィエンジー》」となり、一般の人びとに広く伝わりました。

このアートは、用途によっていくつかのスタイルに分かれます。たとえば切り紙で作った花で窓を飾る「窓花《チュワンホア》」。これは中国の旧正月、「春節《しゅんせつ》」を迎えるために行う窓飾りの伝統が起源と言われています。この期間は、民話の主人公や中国の多くの精霊、神をモチーフにしたペーパーオーナメントを飾ります。オーナメントを飾ることで、窓はシルエット（影絵）模様のカーテンに様変わり。家の中はお祝いムードや美しさに包まれ、同時に邪気払いにもなると言われてきました。

さらに「喜花《シィホア》」という、お祝いや儀式専用の飾りもあります。また、人生のあらゆる願いごとをシンボル化したものもあります。そのほかにも、切り紙は木彫り用の型板や家具の装飾に応用され、刺繍の見本にもなりました。

切り紙を楽しんだのは、おもに女性たちです。ある地域では、結婚するにあたり、新郎が新婦に切り紙をリクエストする風習もありました。結婚するかどうかは、その切り紙が完成してから最終的に決めたのです。

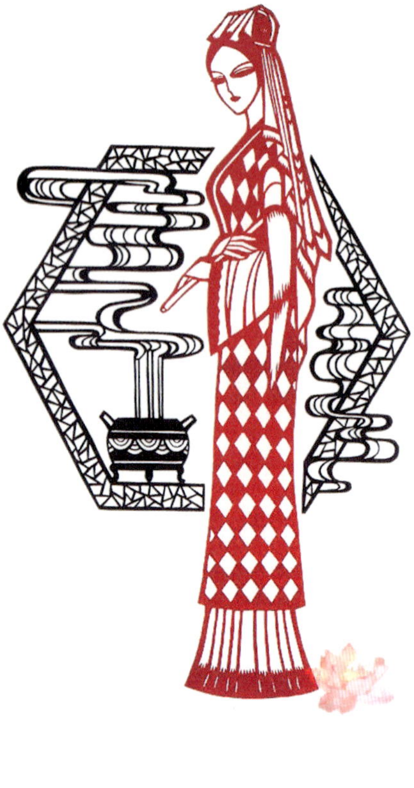

☞中国の切り紙

中国の切り紙が海を越え、どの国よりも早く日本へ伝来したのは7世紀のことでした。その後、シルクロードを通じてヨーロッパ全土にも拡大。多くの民族が、この工芸は自民族に古くから伝わる手工芸であるとみなしたほど、切り紙細工は多くの国で愛されました。

切り紙細工が最も発展したのは19世紀後半から20世紀初めでした。当時、紙はすでに一般の人びとにとって手ごろで安価な素材になっていたからです。わずかな力と費用があれば作ることができるので、人びとは住まいを切り紙で美しく飾りました。そしてポーランド、ロシア、リトアニア、ウクライナ、ベラルーシの小都市や村でとりわけ人気のあったのが「紙カーテン」「ペーパーナプキン」「スクリーンカーテン」などの部屋飾りです。スラヴ人*は、「切り紙」にそれぞれ自民族の言語に合う名前をつけて親しみました。

また、どの民族の切り紙も、正方形や長方形、円形をベースに、星形や雪の結晶の形をしていました。鳥や騎馬、さまざまな草花の模様など、同じようなモチーフに出会うこともしばしばです。こうした模様の切り紙は、カーテン代わりに窓に貼りつけたり、装飾の代わりに家具に貼ったり、じゅうたんの代わりに壁にかけることもありました。また、お祝いの席を華やかに演出するほか、来客へのプレゼントにも使われました。こうして切り紙アートは発展をとげ、中身を充実させながら、世代から世代へと伝わっていきました。民族ごとのオリジナルの伝統や模様が生まれたのも、こうした歴史の中でした。

紙で作る雪の結晶

「雪の結晶切り紙」は、古くからあるスタイルのひとつで、人気のあるアートです。この種の切り紙は、正確にはどこで生まれたのでしょう。現在、これを明らかにすることはできませんが、ロシアで生まれた時期については推定できます。それはロシアに紙が生まれるよりも前のことでした。

ときは大昔、古代ロシア国家の時代。さまざまな日用品に「ベレスタ」と呼ばれる白樺の皮細工が使われていました。このベレスタ製のカゴ・長持ち・小箱・編みカゴに、塩・穀物・粉・種子・果実などを保存したのです。白樺の皮細工の日用品は、透かし模様の装飾がほどこされるのが一般的でした。

似たような細工が昔からあったとはいえ、18世紀にはベレスタの彫刻が装飾用として積極的に用いられました。白樺の皮は薄いので、ナイフでもはさみでも簡単に切り抜く

＊：インド-ヨーロッパ語族の中の、スラブ語を使う民族の総称。ポーランド人、ロシア人、クロアチア人・ブルガリア人などを指す。

ベラルーシの切り紙「ヴィチナンカ」

ことができます。見た目にも華やかな、凝ったオーナメント作りにも活用できたため、たいへん多くの人びとが利用しました。

人間は観察力に優れていますから、自然から多くのモチーフが誕生したのは当然といえます。ロシア人は、雪の日が続く長い冬には、極めて苛酷な環境下で生活しています。そんな中、美しい雪の結晶がロシア人の目に触れずにいることはありえませんでしたし、また、人びとが「天然の雪や氷の結晶を真似したい」という気持ちを抱くのは自然なことでした。ひょっとすると、ベレスタ細工の模様は、夏の暖かさ・鮮やかさよりも、厳しい冬の美しさを讃えるために生まれたのかもしれませんね。

もちろん現在では白樺の皮ではなく、紙をカットして「雪の結晶切り紙」を作ります。冬には毎年、窓辺の雪の結晶切り紙がその美しさで通りすがりの人びとの心を温めますし、紙でできた雪の結晶は、つなげてモビールにすることもできます。またランプシェードや絵はがき、紙箱、ギフトボックス、ギフトバッグを切り紙で飾るこ

紙の窓用カーテン「フィランカ」：スヴェトラーナ・トレグボヴィチ作。

ともできます。

十二支のシルエットなどの見事な雪の結晶切り紙は、既製のフレームに入れれば絵画にもなります。また、雪の結晶の先端に輪っかをつければ、クリスマスツリー用の飾りのできあがり。そもそも切り紙は、お祝いの席にこそふさわしいものです。雪の結晶切り紙を何に使うか、そのバリエーションはさまざまです。大切なのは「イマジネーション」なのです。

本書では、わたしたち夫妻が考えた100パターン以上の雪の結晶切り紙を集めました。どれも点対称と線対称のシンメトリーな形からなり、中心から放射状に広がっています。そして本書で紹介する雪の結晶切り紙は、自然の姿と同じように6本の主枝から成り立っています。もちろん4本、8本の主枝の切り紙も作ることはできま

☞ ポーランドの切り紙
パーツを互いに貼りつけて1枚にした、多色装飾の図案。

☞ 現代の切り紙で家具を飾った例
食器棚の棚板は紙でできた縁どりで飾られ、ガラス扉はファンタジックな透かし模様で囲まれています。

☞ フレームに入れた切り紙
美しいシルエットの雪の結晶は、既製のフレームに入れて飾ってもよいでしょう。

雪の結晶オーナメント

雪の結晶フォルム

雪の結晶シルエット

すが、天然の結晶の形からは離れてしまいます。

　ここでは、本書で紹介するすべての雪の結晶を、次の3つのカテゴリーに分けてみました。

◆ 雪の結晶オーナメント ◆
このカテゴリーには、同じパターンを交互に繰り返す装飾的なモチーフが多くあります。簡単なものから複雑なもの、実在する形や空想の形があり、作り手の腕の見せどころです。このタイプは、事前に細部まできっちりと決めておく必要がないので、カットしていく途中でデザインがひらめくこともあります。

◆ 雪の結晶フォルム ◆
このカテゴリーは、冬に空から舞いおりる本物の雪の結晶にそっくりな切り紙を分類しました。本物に似せて作るには、自然界の雪の結晶の種類を理解することや、注意深い観察が役立つでしょう。

◆ 雪の結晶シルエット ◆
このカテゴリーでは状況や場面を１枚に収めて表現しており、線画で描いたような、細やかなシルエット（影絵）を彷彿とさせます。難易度は非常に高いですが、その分、できあがりは素晴らしく、絵画として飾るのに最も適しています。作るときのポイントは、雪の結晶ベースに図案を描く際、輪郭を自然界の雪の結晶に似せることです。

　以上の区別は、便宜的なものに過ぎません。本質的に切り紙はすべて、シルエットであると同時にオーナメントでもあるのですから。

Глава 1

Учимся вырезать снежинки

第１章　雪の結晶の作り方

Материалы и инструменты《マテリアールィ イ インストゥルメンティ》

材料と道具

雪の結晶の切り紙に必要なのは、紙とはさみです。どちらもさまざまな種類があるので、ふさわしい材料と道具を使って、多種多様な雪の結晶を作ってみましょう。

用紙

コピー用紙（普通紙、上質紙）

◆ 厚口のコピー用紙（坪量[*1]：約 80g/m2）◆

この用紙は、ウィンドウ・デコレーション用の雪の結晶に適しています。十分な厚みがあり、のり付けしてもすぐにはふやけず、破れにくいのが特徴です。折りたたんだ紙の重なりが滑ることも防げます。この紙であれば、かなり複雑な模様にカットすることもできるでしょう。また、オーナメントやシルエットの下絵を描くのも簡単です。色のついた用紙も多いので、カラフルな雪の結晶も好みに応じて作ることができます。

しかし、この用紙の厚さは同時に欠点にもなります。雪の結晶切り紙を作るための「六角形ベース」は折りたたまれて 12 倍の厚さになるため、切るときに少々力が必要だからです。また、紙の厚みは模様にも影響するため、広げたあと、はさみによる手直しが必要になることもあります。

◆ 薄口のコピー用紙（坪量：約 65g/m2）◆

厚口の紙よりカットしやすいですが、のりづけ時にふやけやすいのが難点です。比較的簡単な模様をカットする際は、もう少し厚口の紙の方がよいでしょう。

折り紙

15cm、20cm、21cm 角などの正方形をした、カラフルな紙です。この用紙の厚みと質は、薄口のコピー用紙に似ています。複雑な雪の結晶をカットするのにふさわしい反面、のりづけ時に破れるおそれがあります。

色画用紙

この用紙は折ったり切ったりするのにやや力が必要になるので、小ぶりでそれほど複雑ではない雪の結晶作りにのみ、適しています。

ラッピングペーパー

薄く柔らかい感触が特徴です。折りやすく、わずかな力でカットできるので、とても小さな雪の結晶や、複雑な模様を作るのに最適です。カットした模様が破れないよう、広げる作業は慎重に行いましょう。

折り紙

ラッピングペーパー

＊1：紙の重量を示す単位のひとつ。一般的なコピー用紙の坪量は 64 ～ 68 g /m2。

正方形の４つ折ペーパーナプキン

シングルのものと、２～３枚重ねのタイプがあります。多重タイプのナプキンをカットすれば、はがすだけで、まったく同じ形の作品が一度に何個も作れます。この方法が向いているのは、テーブル飾りです。ただし、ペーパーナプキンの重ねの１枚１枚は非常に薄く、柔らかくて破れやすいので、広げるときや重ねをはがすときには細心の注意が必要です。そのため、あまり複雑ではない、シンプルな模様の製作に適しています。

トレーシングペーパー

厚口のトレーシングペーパーは、折ったときに破れるため、薄口タイプを選んでください。この用紙は折りやすく、切るのも簡単、また丈夫で半透明なのが特徴です。そのため、かなり複雑な模様でも切り抜いたり、つなげてモビールにすることができます。色付きのトレーシングペーパーも売られていますが、手に入らない場合は、自分で手軽に染めることができます。薬局で売られている、消毒用アルコール液（無水エタノールなど）に、万年筆やペン用のインク（パイロットの瓶入りのインキなど）、またはアクリル絵の具を好みの色になるまで溶かし、これを浸したコットンでトレーシングペーパーを塗ります。数分間乾燥させれば準備完了です。

そのほか、包装紙から紙製のテーブルクロス、洋裁の型紙などに使うハトロン紙[*2]に至るまで、あらゆる種類の紙が切り紙に使用できます。

ペーパーナプキン

道具

一般的な文具はさみ

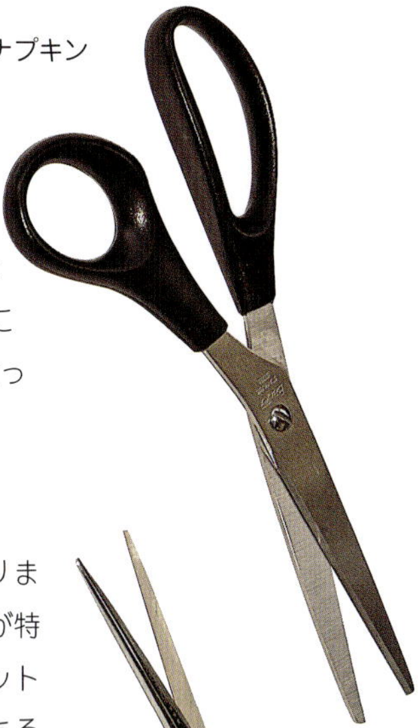

これは、雪の結晶の外枠などのラフカットにぴったりです。切れ味のよい、紙にしわを作らないはさみを使ってください。

理美容はさみ

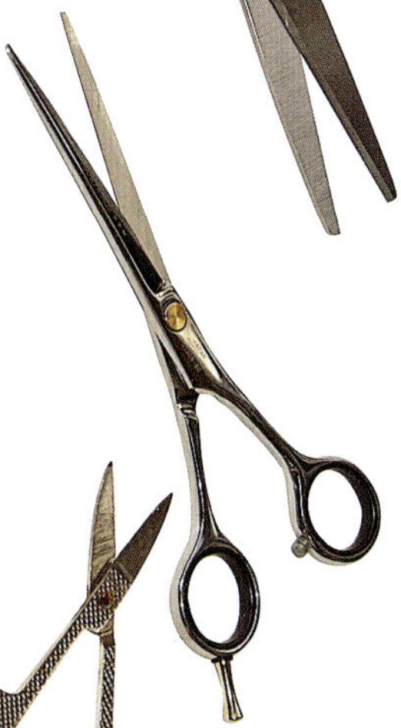

このはさみは安価ではありませんが、切れ味のよい長刃が特徴で、手のひらによくフィットするので、ラフカットはもちろん、細部のカットにも向いています。先端が細い、長刃のはさみでも代用可能です。

エチケットはさみ

細かな模様や、小ぶりの雪の結晶のカットには必須のアイテムです。先端が丸くない、尖ったはさみを選びましょう。

アドバイス

ラッピングペーパーなどの薄い紙をカットしてできた雪の結晶は、やや厚みのある台紙や箱などに貼って、絵はがきやディスプレイ用にするとよいでしょう。

トレーシングペーパー

＊２：片面につや出しをした、褐色のクラフト紙。

クラフトパンチ

医療用はさみやかみそり、彫刻刀

これらは雪の結晶の外枠などよりも、慎重な穴あけ作業などに必要なため、本書に紹介されている雪の結晶を作る分には使用しません。

穴あけパンチ

現在ではたくさんのパンチが販売されています。これを使うことで、手軽に、そして簡単にシンプルな装飾や型抜きができます。円形のホールができる、ごく普通の穴あけパンチが最もシンプルで入手しやすいのですが、花や星などの形に型抜きする、クラフトパンチという道具を持っていれば、雪の結晶作りに十二分に活用できるでしょう。これも、本書内で紹介する切り紙には使用しませんが、持っていると楽しい道具です。

Технология вырезания снежинок《テフノローギヤ ヴィレザーニヤ スニェジーノク》

雪の結晶の作り方

ここまでで、紙とはさみの準備ができました。
いよいよ、雪の結晶を作るための第一段階、紙の折り方に入ります。
雪の結晶の土台となる「六角形ベース」を作るために、好みのサイズの紙から
正方形を切り取りましょう。

A4 サイズの紙から、大・中・小の正方形を作る

1. A4 サイズの紙を横向きにして、好きなところで 2 つ折りにします。その際、必ず片側の面積が大きくなるようにしましょう。そして折り線に沿ってはさみを入れます。

2. 面積が大きい方の紙の右上の角を下に向けて、三角に折ります。

3. 手順 2. で折った三角からはみ出た部分を切りとれば、正方形ができあがります。

4. これで、大きな雪の「六角形ベース（雪の結晶切り紙の土台）」用の正方形ができました。

5. 次は、手順 1. で切りとった小さいほうの紙で、手順 2. ～ 3. を繰り返します。

6. 中くらいの雪の「六角形ベース」用の正方形ができました。

7. 手順 6. で余った切れ端の紙を使い、再度手順 2. ～ 3. を繰り返しましょう。

8. 小さな雪の「六角形ベース」用の正方形できました。このようにして、1 枚の A4 サイズの紙から大・中・小の 3 つの雪の結晶ベースを作ることができます。

ベースになる用紙のサイズは少し異なっても構いません。手順 1. で紙をどう折るかによって、作られる正方形の大きさも変わるからです。大きな雪の結晶切り紙を作るなら、A4 サイズの紙からすぐ手順 2. に進み、正方形を作るとよいでしょう。

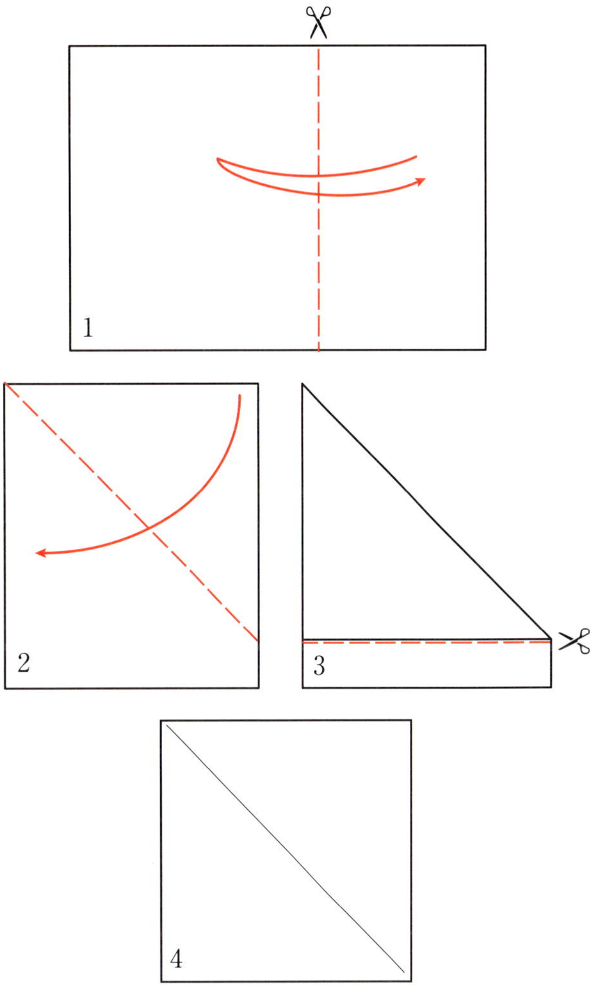

正方形から、「六角形ベース」を折る

次に、正方形から雪の結晶切り紙の土台となる「六角形ベース」を作成します。この段階で完成する見た目は正三角形ですが、広げると六角形になります。

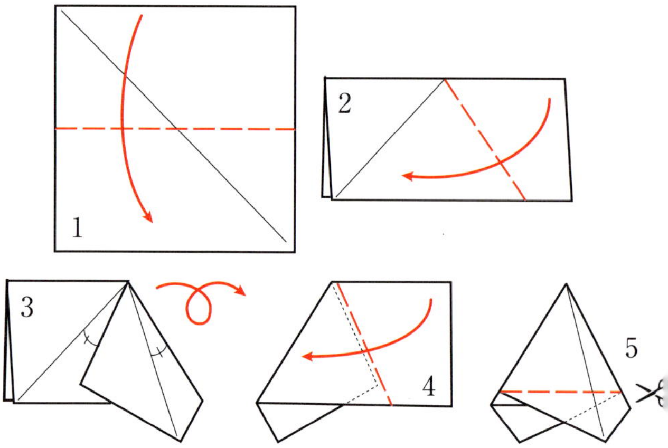

方法その１

方法その１

1. 正方形を作る際にできた斜めの折り線の位置が、図１のようになるように紙を置きます。上辺を折り下げ、半分にします。

2. 図３のように、折り線によってできる角度が見た目でだいたい等しくなるよう、右上を折り下げます。

3. 裏返します。

4. 左辺に沿わせるように、右上を折り下げます。

5. 最前面の左角と、最背面の右角を結ぶ線を基準に、余分な部分を水平に切り落とします。

方法その２

1. 正方形を２つ折りにして三角形にします。

2. できた三角形の頂点Ｃを、頂点Ａに向かって折り上げ、右辺の中間点に、印となる折線Ｄをつけます。

3. 手順２.でできた折線Ｄを、さらに頂点Ａに向かって折り上げ、印となる折り線Ｅをつけてから、広げて三角形の状態に戻します。

4. 頂点Ｃと頂点Ｂを合わせるようにして、底辺の中間点に、印となる折り線Ｆをつけましょう。

5. 頂点Ｃを、印Ｆと印Ｅ-Ｄの中間点を通る、図の点線のように折り上げます。その際、印Ｄは、印Ｅのやや内側に合わさるようになるはずです。

6. 頂点Ｂを折り上げ、右端にそろえます。

7. 図７の点線のように、余分な部分を切り落とします。

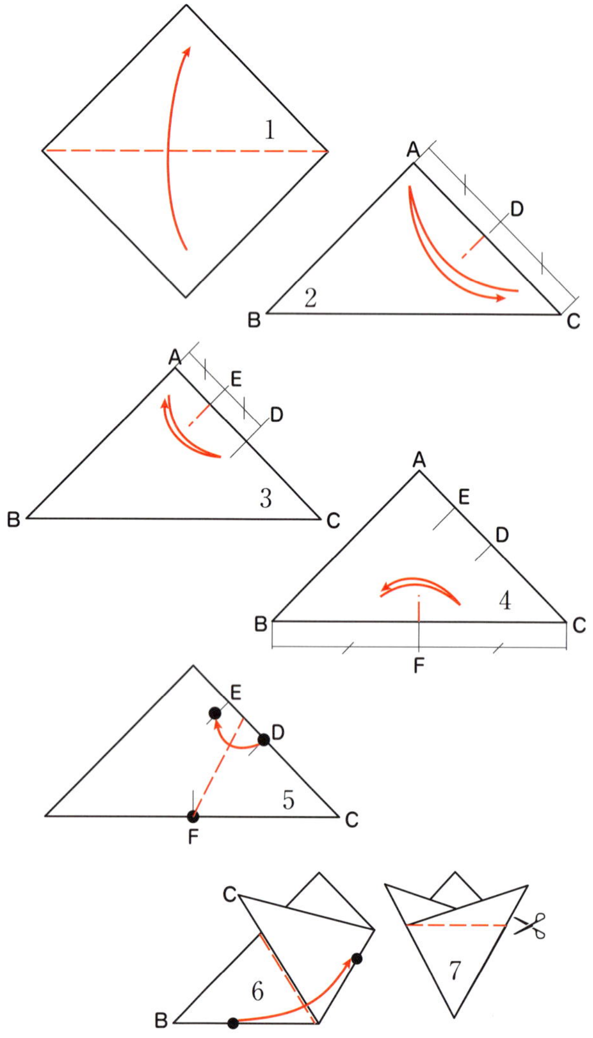

方法その２

アドバイス

柄の難易度、はさみの使い慣れ具合によって、切り紙に使用する紙の中から自由に「六角形ベース」のサイズ（大・中・小）を選んでください。

雪の結晶を切り出す

1. 先ほど作った「六角形ベース」を、正三角形の状態からさらに半分に折りましょう。あとでゆがんでしまった紙をはさみで切る羽目にならないよう、どの工程も注意深く行います。図の、丸で囲んだ箇所が、完成した雪の結晶の中心点になるよう注意しましょう。

2. いよいよカットに取りかかります。図中の明るいピンク色の部分は、カットする範囲を表しています。まず、雪の結晶の外枠を作りましょう。図で表したように、上部のピンク部分を切り落としてください。

3. 次に、側面の模様をカットしていきます。内側の細かい模様や尖った部分周辺は、最後にカットしましょう。

4. そっと広げれば、雪の結晶のできあがりです。

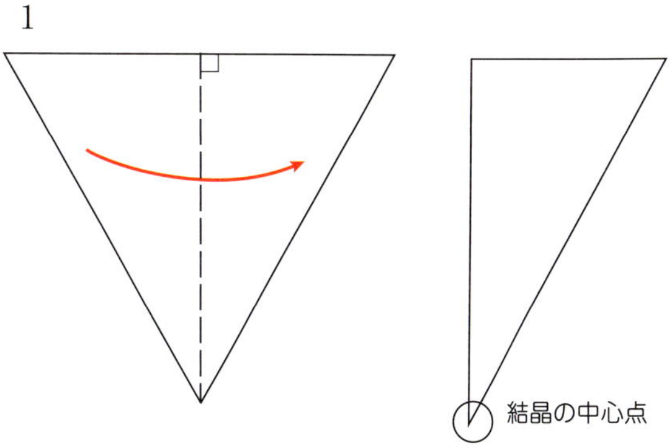

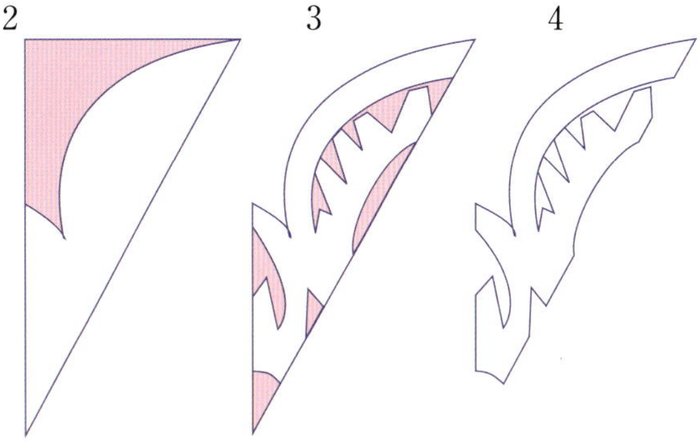

ピンク部分はカットする範囲

本書で紹介している雪の結晶を切るときは、右図の1と同じく、正三角形を半分に折った状態から始めます。どの結晶もカットする点は同じで、違うのは模様だけですから、工程を何度も載せることはせず、純粋な略図のみ紹介しています。

雪の結晶切り紙の作成プロセスは、3つ～5つの工程から成り、明るいピンク色の部分は、切り取る部分を表しています。カットを終えて、広げるだけの状態を示したイラスト（各パターン見本の中で、少し大きめに描かれた、広げる前の完成図、右図4の状態）は、型紙*にもなります。型紙は目分量でベースに描いても、またトレーシングペーパーやカーボン紙を使って写してもOKです。どの雪の結晶も、ほとんどはさみでカットできますが、まれに、カッターが必要になるでしょう。

アドバイス

型紙を正確に写しとれば、できあがった雪の結晶切り紙がまるで線画のように繊細に見えるはずです。そのためには、すべての作成プロセスを、細心の注意を払って丁寧に行ってください。

＊：型紙は、作りたいサイズに合わせて自由に拡大・縮小コピーをしてお使い下さい。

「六角形ベース」に模様を写す

雪の結晶オーナメントや雪の結晶フォルムは、簡単なものであれば下書きの線を引かず、プロセスごとに図を確かめながら、直接カットしても構いません。できた雪の結晶に少しばかりのズレが生じたり、見本と異なったりしても心配いりません。天然の雪の結晶にだって、1つとして同じものはないのですから。

やや複雑な模様は、まず見本と照らし合わせて「六角形ベース」に下書きしてから､線に沿ってカットしましょう。模様は､「六角形ベース」の片面に描きます。雪の結晶オーナメント、フォルム、シルエットの中で複雑な模様の場合は、次のようないくつかの写し方がおすすめです。

描き慣れている場合は､そのまま「六角形ベース」に､フリーハンドで模様を描き写します。

自分で模様を描き写すのが難しい場合は、本書に載っている型紙をトレーシングペーパーを使ってなぞり書きします。あらかじめ、トレーシングペーパーで紙の「六角形ベース」と同じ大きさの正方形を作り、同様に「六角形ベース」を作成します。そして三角形の状態からさらに半分に折ってできた、12 等分の折り線に沿ってトレーシングペーパーをばらばらにカットし、その 1 枚に型紙をなぞり書きして写します。場合によっては、カットしていない状態のベース 1 枚の中に、異なる 12 個分の型紙をそれぞれ写しとってもよいでしょう。その後、トレーシングペーパーに写しとった型を、カーボン紙を使って*雪の結晶ベースに転写します。もしくは、模様どおりに切り抜いたトレーシングペーパーを紙のベースにあて、輪郭をなぞり書きしてもよいでしょう。この方法は、型紙をより正確にベースにあてることができ、模様を写す際もずれる心配がないので､おすすめです。カーボン紙を使って型紙を正確に転写する場合は、カーボン紙を､「六角形ベース」やトレーシングペーパーと同じサイズの三角形に切り取っておきます。「六角形ベース」の上にカットしたカーボン紙を置き、その上に模様を写しとったトレーシングペーパーを重ね、3 枚すべてを 2 個のクリップで挟んで動かないようにすれば、ひやひやすることなしに、模様を写すことができますよ。

模様を写すのに必要な道具

＊：型紙を写したトレーシングペーパーの裏面を、2B 以上のやわらかい鉛筆で塗りつぶして使用しても OK です。

Глава 2

Галерея снежинок

第2章　雪の結晶ギャラリー

Снежинки《スニェジーンキ》-орнаменты《オルナーメンティ》

雪の結晶オーナメント

はるか昔、人は住まう空間を自分なりに見つめ、その場を整えていくうちに、
飾りつけを始めました。オーナメントには、左右対称－シンメトリーのものが多くあります。
本物の雪の結晶はというと、中心から同じ形が６つの方向に伸びる、
点対称のシンメトリーです。それぞれのパターンが６回繰り返されるのです。
ですからまずは、シンプルな六角形の雪の結晶切り紙を作ってみましょう。

多くの民族がオリジナルのオーナメントのパターンを持っていますが、それは簡単に見分けがつきます。中には、雪の結晶切り紙作りでとても参考になるパターンもあります。ちなみに、オーナメントのパターンには、草花・幾何学《きかがく》・動物・物語の場面などがあります。オーナメント作りには、果てしない「創造の自由」があるのです。小ぶりの雪の結晶切り紙を作るにしても、簡単なものからとても複雑なものまで、選択肢はたくさんあります。でき栄えはすべて、作り手であるあなたのイマジネーションと、カットワークにかかっています。また、複雑なオーナメントを作るには、はさみはもちろんのこと、時にはよく切れるカッターも必要になるでしょう。

「雪の結晶オーナメント」を作るためのプロセス

1.「六角形ベース」を折りましょう。（P.14 ～ 15 参照）

2. 簡単な模様のオーナメントを作るときは、ベースに印をつけずにすぐカットして構いません。複雑な模様のオーナメントは、あらかじめ鉛筆で模様を描いたり、型紙を写すのがおすすめです。

3. カットするときは、ベースの重ねがずれないように気をつけましょう。ずれると、残すべき部分までカットしてしまい、結晶の形が崩れます。でも、落ち込まなくてよい場合もあるのです。もしうっかり真ん中でカットしてしまっても、かわいいサイズの「雪の結晶」ができますよ。

4. 自分で図案を思いついたら、バラエティーに富んだカットパターンを心がけ、仕上がりのバランスが良くなるよう工夫しましょう（はさみの入れ残し部分がないようにします。また反対に、透かしの部分ばかりにならないようにも注意しましょう）。

アドバイス

雪の結晶切り紙作りに応用してもらいたいのが、さまざまな民族・時代・スタイルのオーナメントパターンです。それらを見ればきっと、ほかの模様とまったくかぶらない、自分だけのオリジナルの図柄をデザインしたくなるでしょう。

1
1
2
2
1
2
3
1
2

4
1
2
5
1
2
3
6
1
2
3
4
5

7

8

9

10

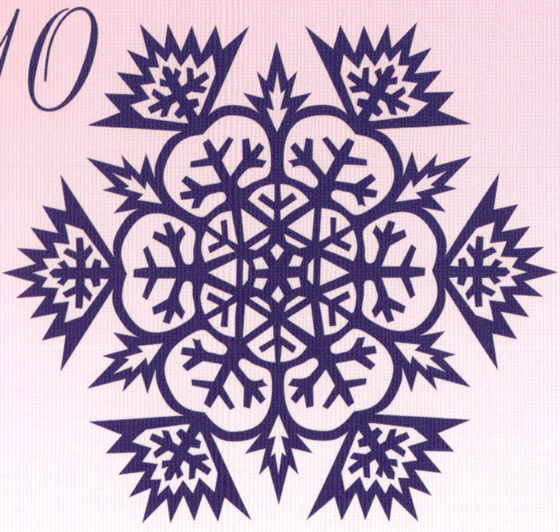

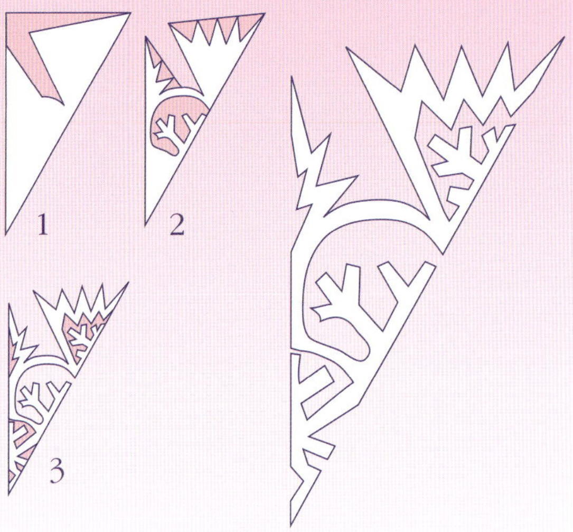

11

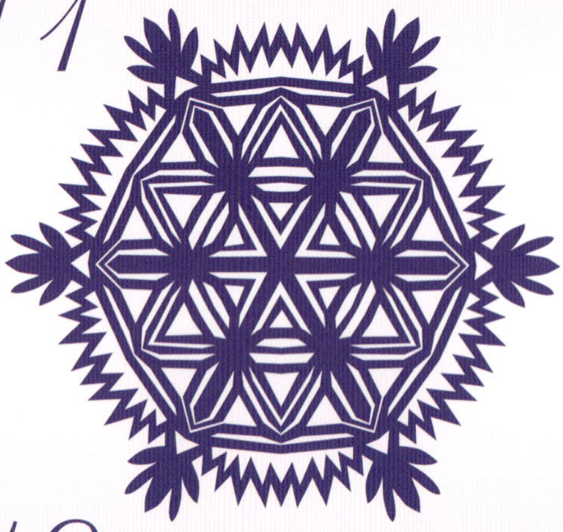

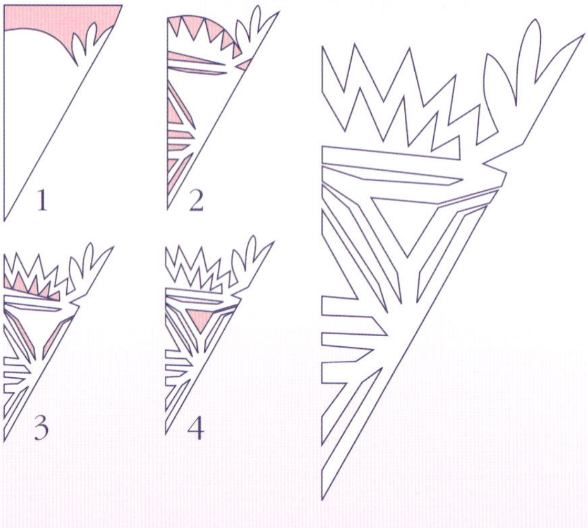

12

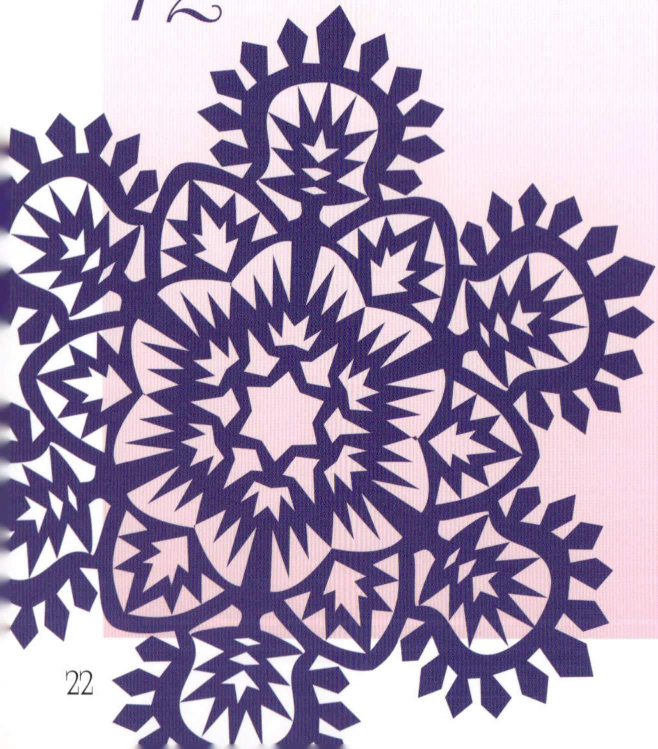

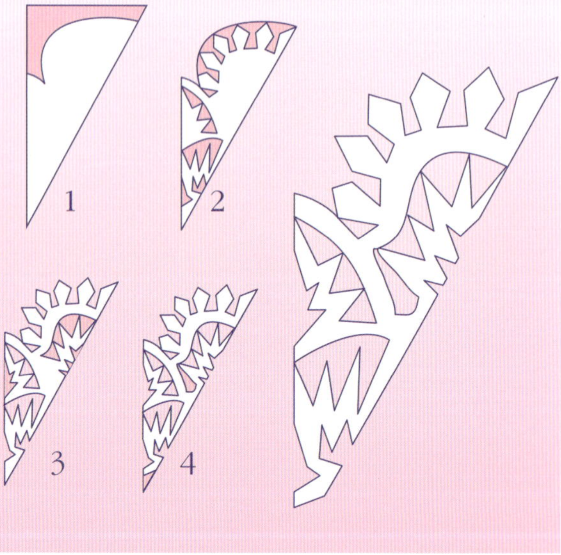

13

14

15

Снежинки-орнаменты 雪の結晶オーナメント 16-18

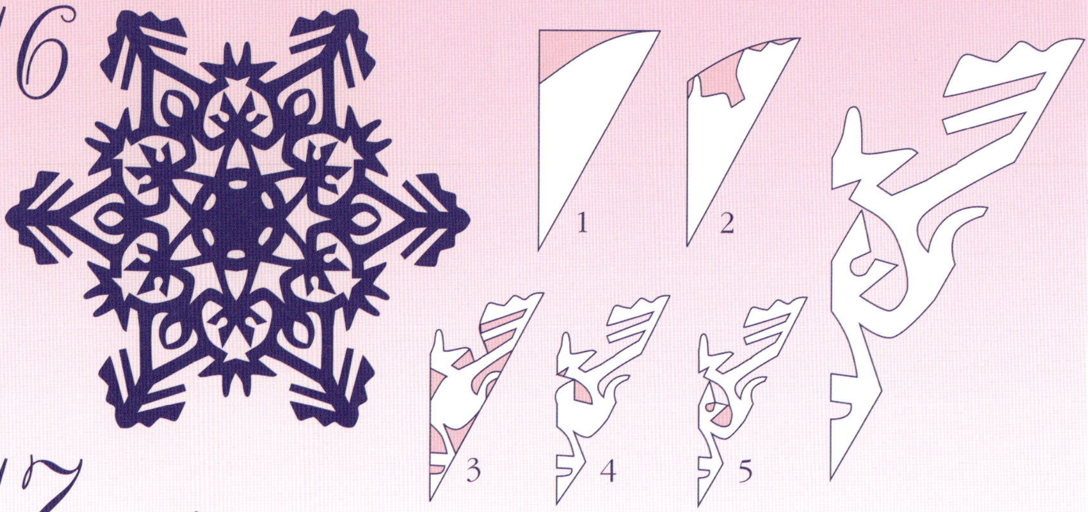

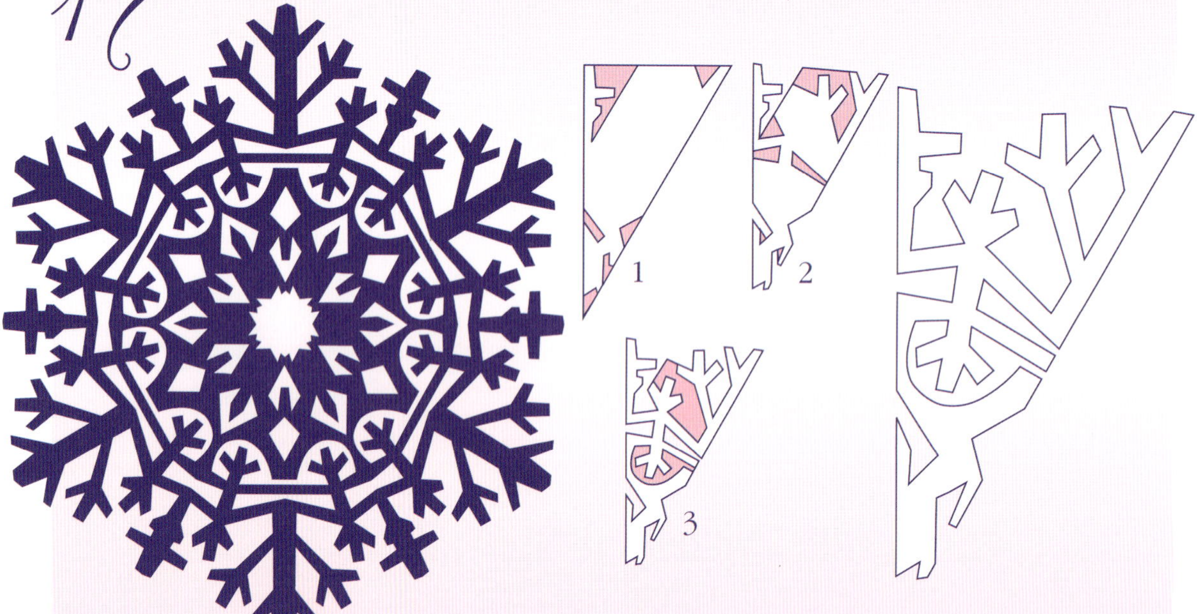

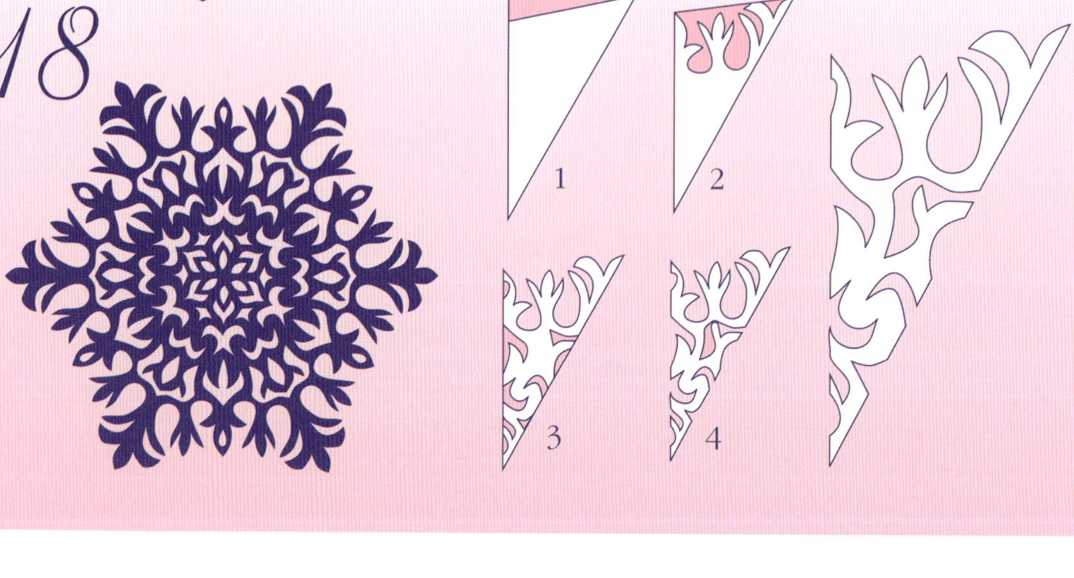

Снежинки-орнаменты 雪の結晶オーナメント 19-21

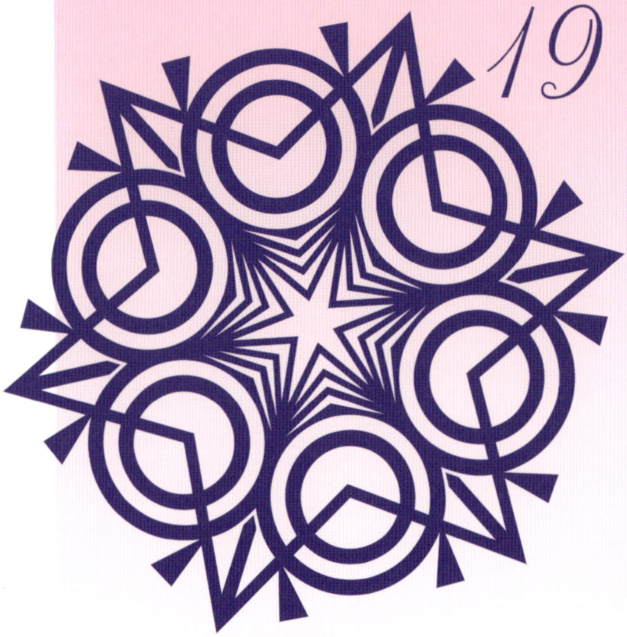

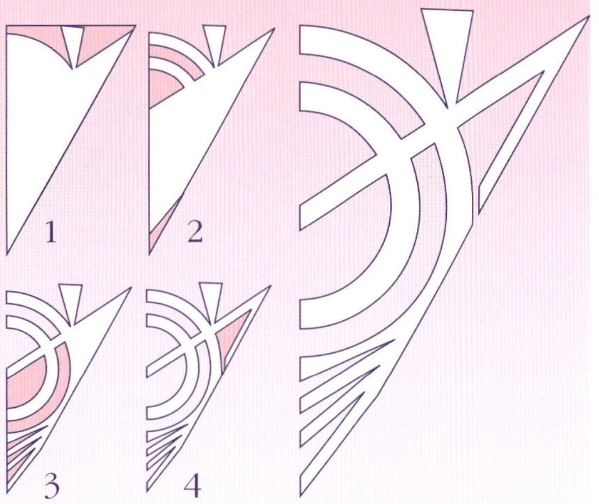

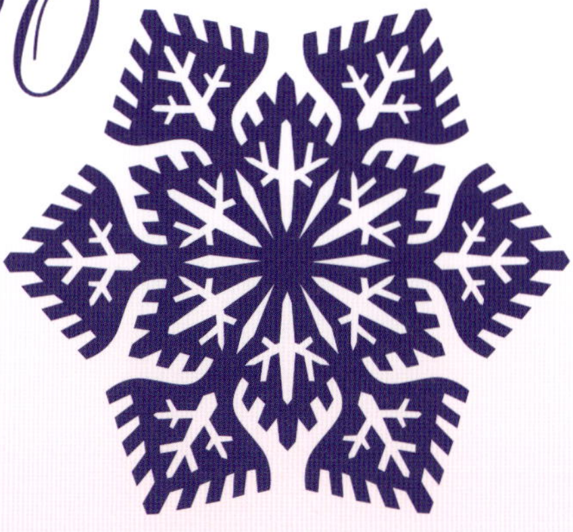

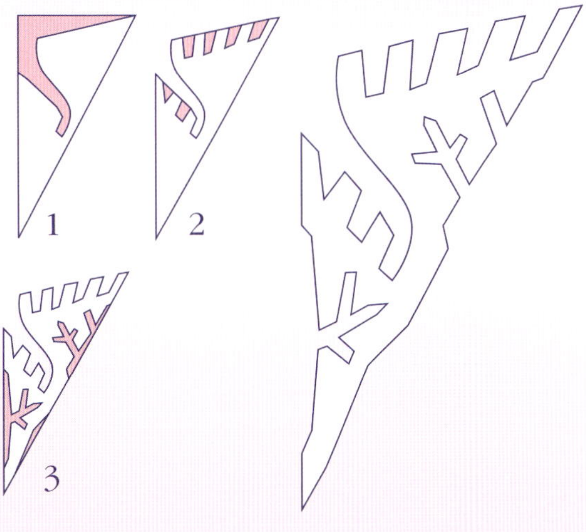

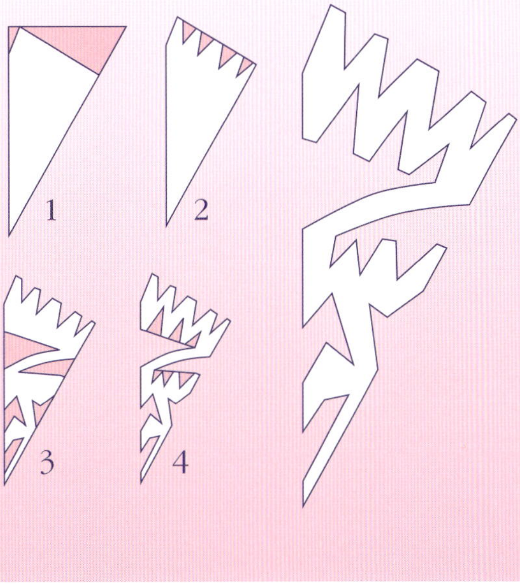

Снежинки-орнаменты 雪の結晶オーナメント 22-24

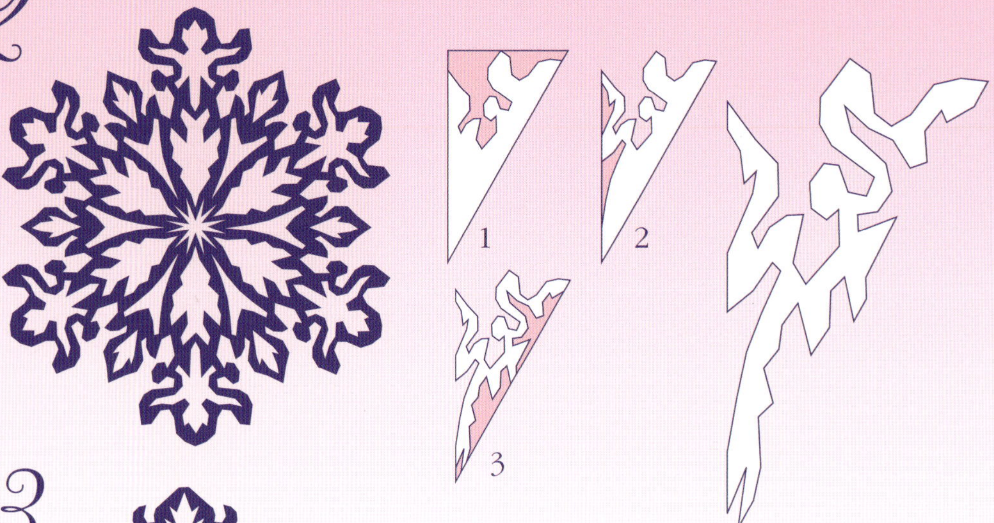

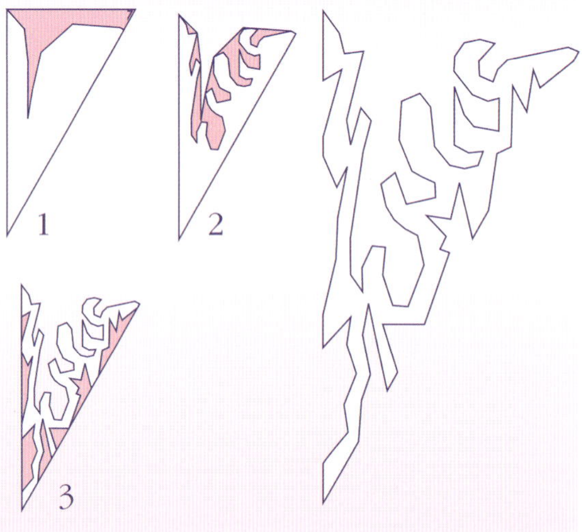

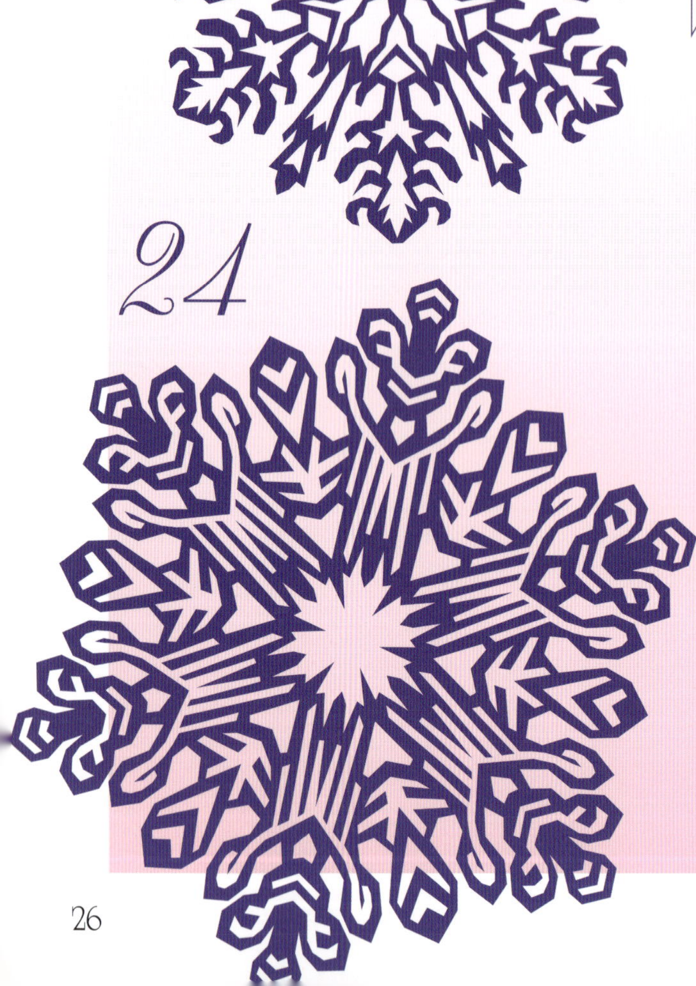

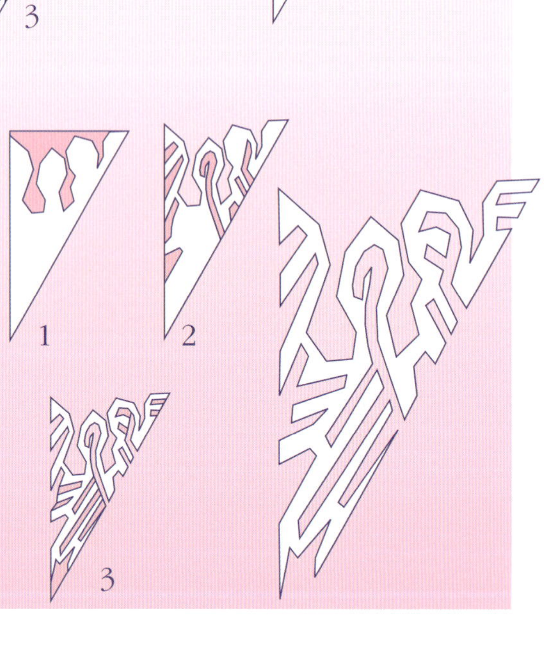

25

26

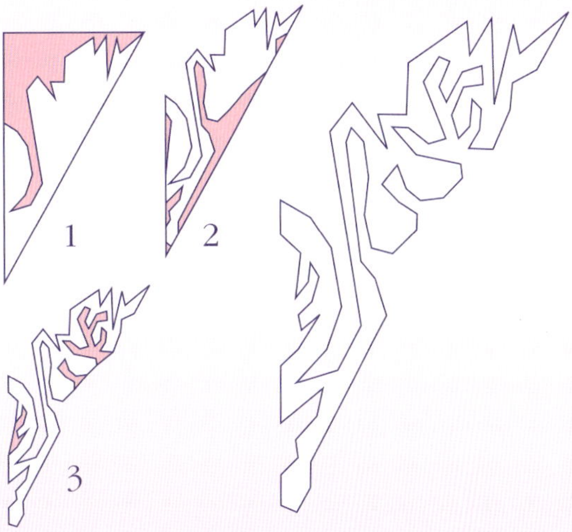

27

Снежинки-орнаменты 雪の結晶オーナメント 28-30

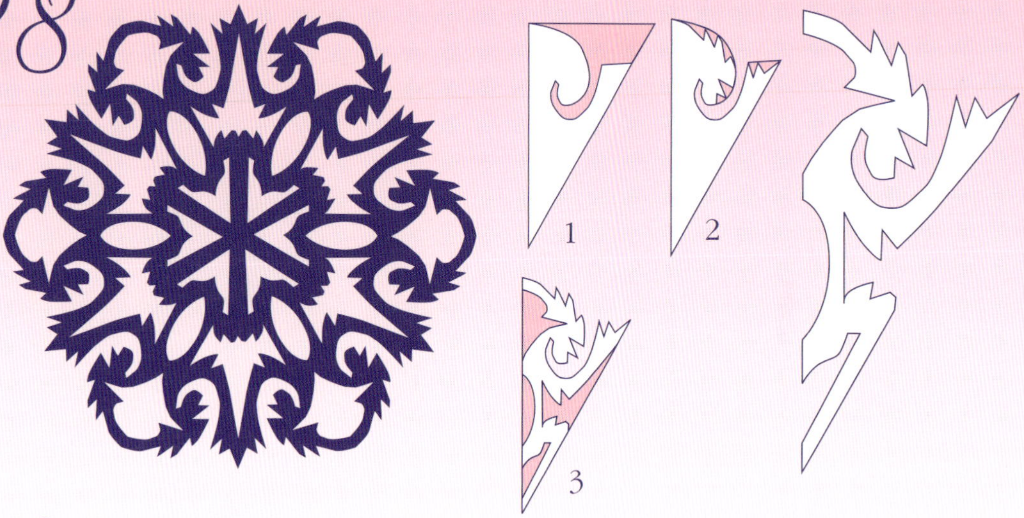

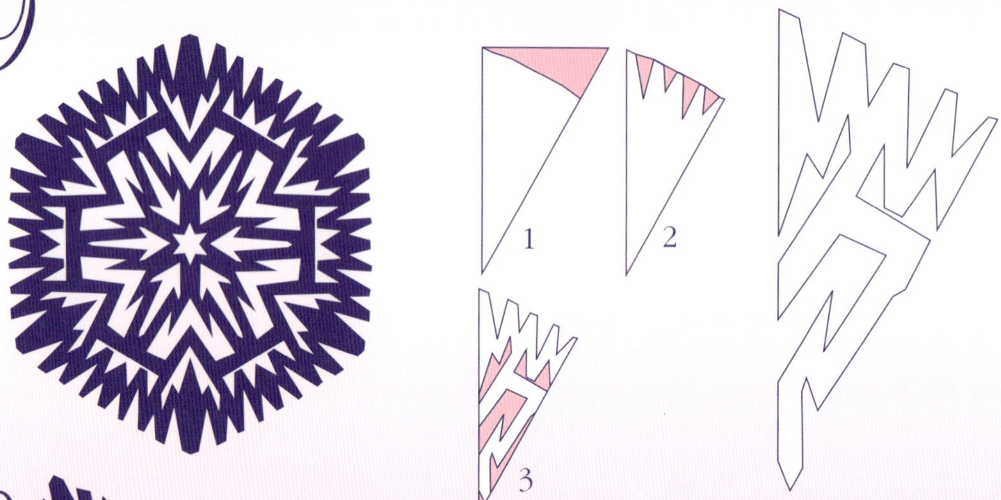

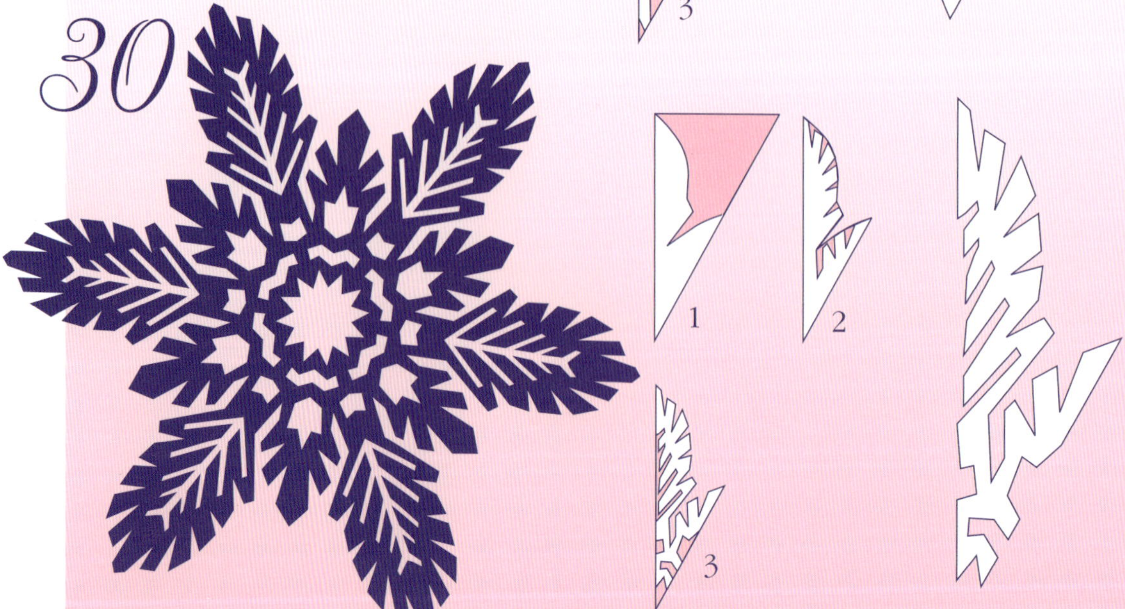

31

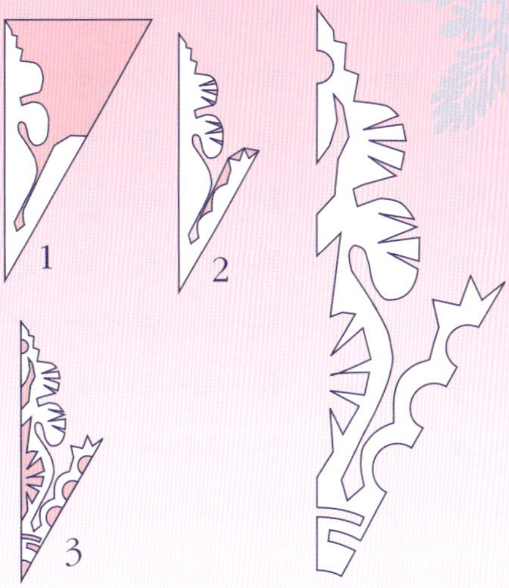

32

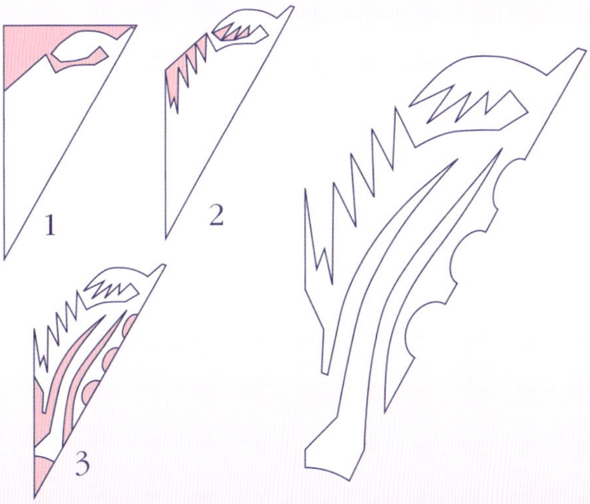

33

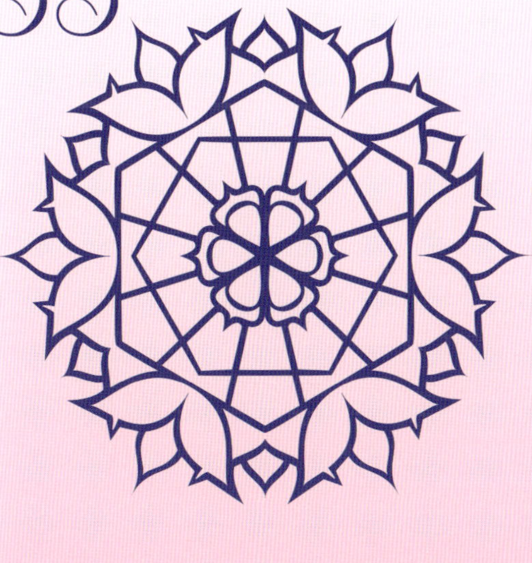

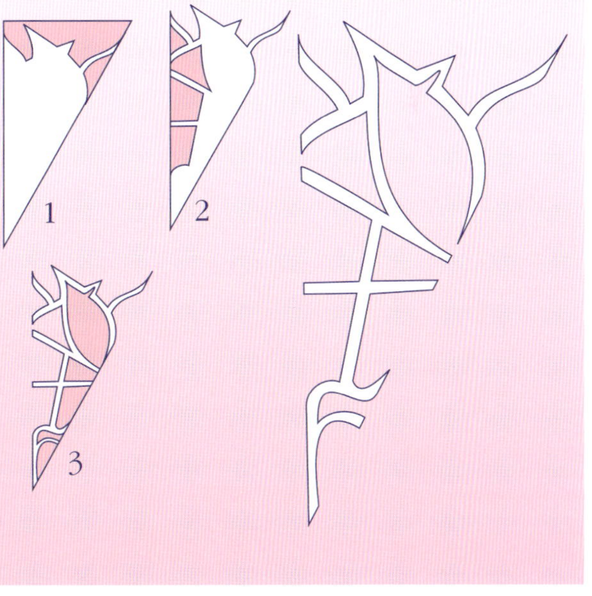

Снежинки-орнаменты 雪の結晶オーナメント 34-36

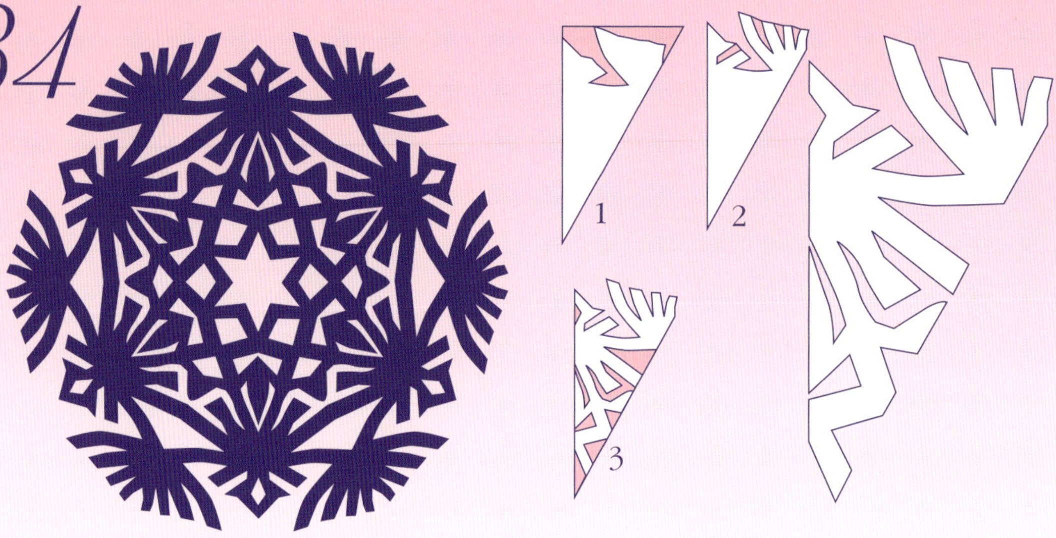

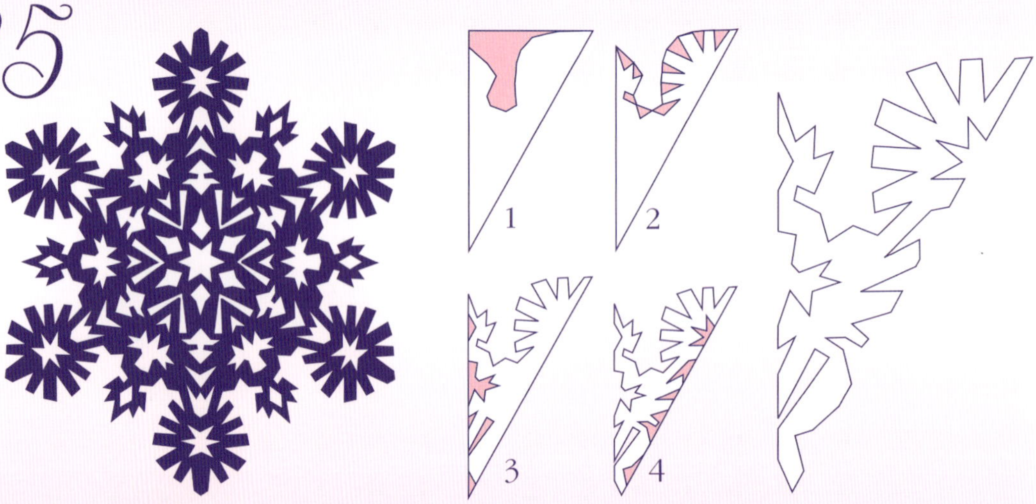

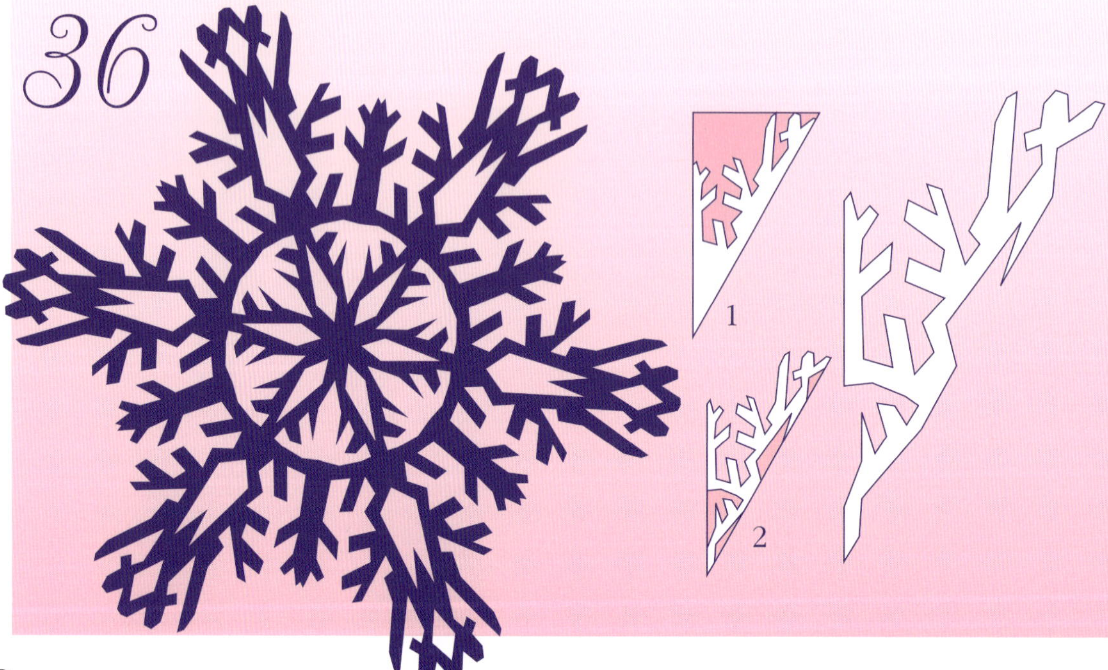

37

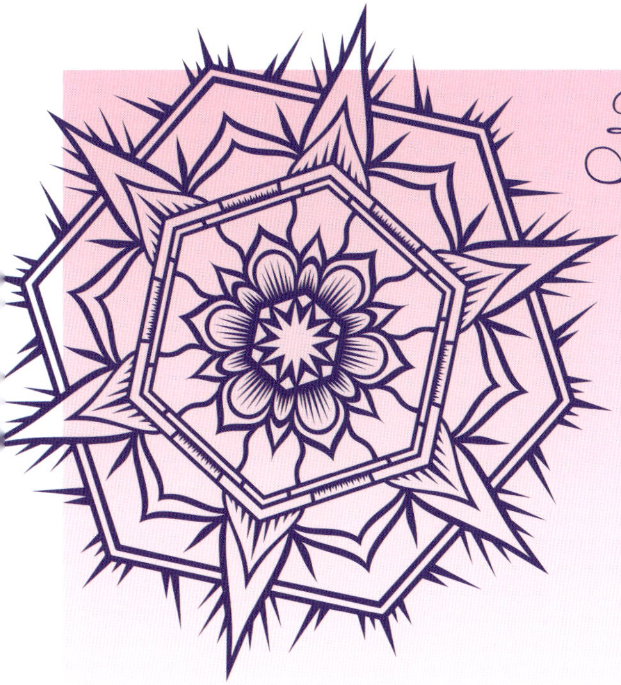

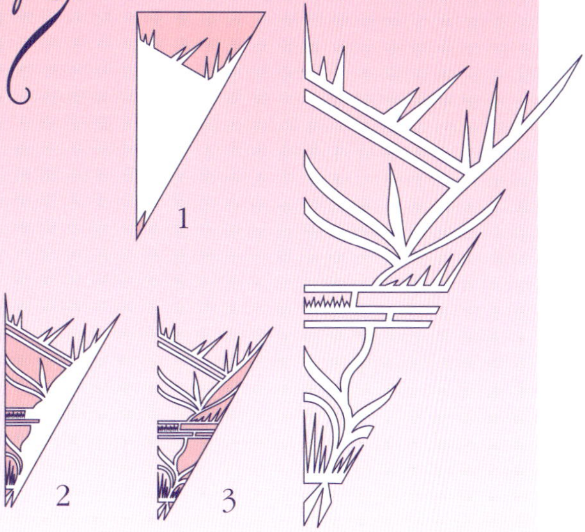

38

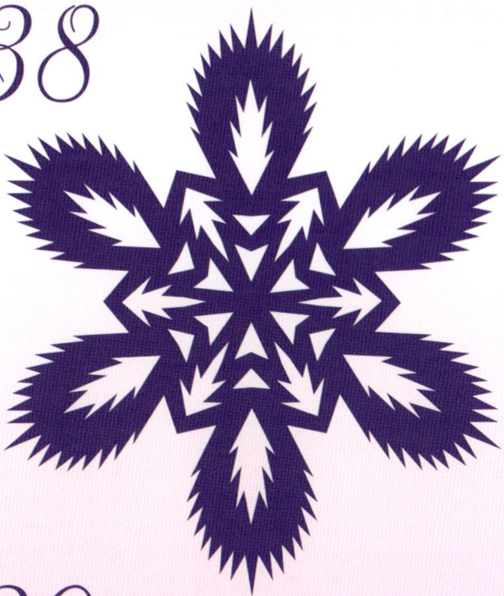

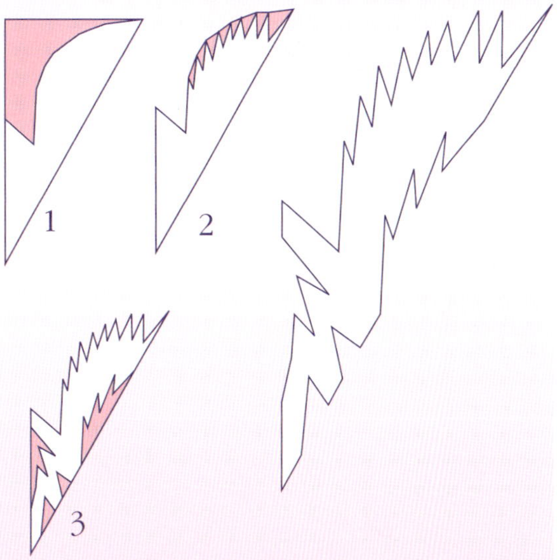

39

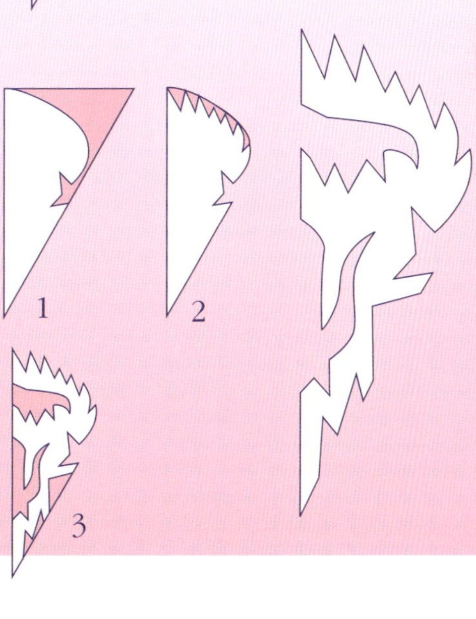

Снежинки-подобия《スニェジーンキ パドービヤ》

雪の結晶フォルム

空から舞い降りる本物の雪の結晶には、決まって6つの主枝があります。
これは水の分子の独特な性質によるものです。まさにこの6本枝のシンメトリーが、氷の結晶を特徴づけ、独特な性質の多くを決定づけています。雪の結晶の形はたいへん美しく、そのバラエティーは無限です。1年間の世界の降雪量が10億tを超えると言っても、おそらく、まったく同じ形の雪の結晶は2つと発見できないでしょう（1ひらの雪の質量はたった1mg程度）。
ある雪の研究者は、じつにさまざまな形をした雪の結晶の顕微鏡写真を、5000枚以上収集しました。

雪の結晶は、はるか上空で水蒸気から作られる氷の結晶から「発生」し、もとは六角柱の形をしています。大気圏の下層で氷の結晶の表面のわずかな突起に、水分子がくっついていくことで、素早く結晶の枝が伸び、さらに小枝が伸びていきます。あらゆる気象条件に置かれ（地上に落ちるまでの長い旅路については言うまでもなく、どんな雲の中にあるかによっても条件は異なります）、枝は方々に伸びて、どの雪の結晶も個性豊かになっていきます。1分間におよそ15mの速さで落下し、その形は、空気中で絶えず変化していきます。

雪の結晶の形成と成長が、多くの要因に影響されるということがお分かりになると思います。雪の結晶の形の分類の仕方は様々ですが、ここでは仮に8つの主要タイプに分けておきましょう。このような分け方があることで、研究者は天然の雪の結晶を分類しやすくなります。そして、わたしたちにとっては、新しいモチーフを考案するときのヒントになります。

本物の雪の結晶は、シンプルに見えても構造はとても

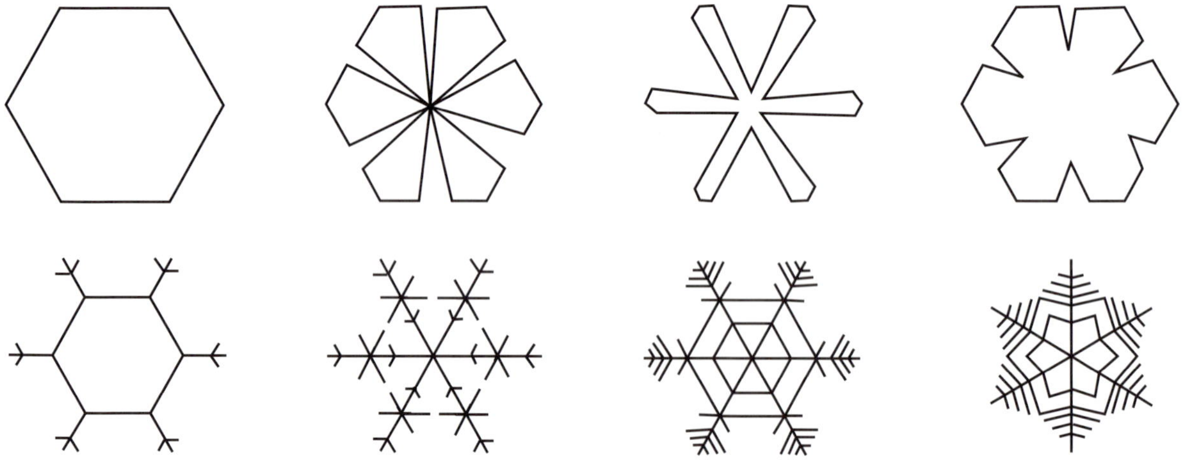

上列 … 六角形、または枝先が扇形に分かれた形。
下列 … 枝先が樹枝状に分かれた形。シンメトリーの6本の主枝と、のびやかに、かつ整然と並んだ小枝が多い。

「ご覧下さい。天然の雪の結晶には、こんなにも多様な形があるのです！」

複雑です。その複雑さは、計算力の高いコンピューターでも算出に丸１日かかるほどです。けれど、人間は特別な装置を使って、本物にひけをとらない雪の結晶を作り出すことに成功しました。1930年代、初めてこれを行ったのが日本人の中《なか》谷《や》宇《う》吉郎《きちろう》博士でした。本州には彼の名を冠した雪と氷の博物館*があり、その建物は、雪をイメージした六角形の塔を３つ配した設計になっています。そこには、人工雪装置も保存されています。

ところが、切り紙アーティストは、なんら難しい計算や算出をしたり装置を用いたりせずに、はさみとイマジネーションだけで、バラエティー豊かな素晴らしい雪の結晶を作ることができるのです。

雪の結晶フォルムを作るには、できる限り天然の形に近づくよう、また、紙に具体的にアイディアを描き表すよう心がけましょう。構造を覚えるために冬のあいだに雪の結晶を観察することも、とてもためになります。スケッチしたり、撮影技術が伴えば、写真を撮ったりしてから紙を切るのもいいでしょう。見かけは同じような雪の結晶でも、まったく異なるアイディアが生まれるかもしれません。その際、天然の雪の結晶の分類がたいへんに役に立ちます。既存の「枠組み」に新しいパターンがプラスされ、毎回違う結晶ができるからです。

アドバイス

雪の結晶は地面に落ちると、絵画のような優美な形をしだいに失い、丸くなって互いにくっつき、形が崩れていきます。ですから、雪の結晶をじっくりと見たいときや、作品作りのための新しい見本を探したいときには、雪が降っているあいだに、濃い色の布か、ミトンの上に雪の結晶を集めてみるとよいでしょう。

＊：中谷宇吉郎 雪の科学館。石川県加賀市にある。

1

2

3

4

5

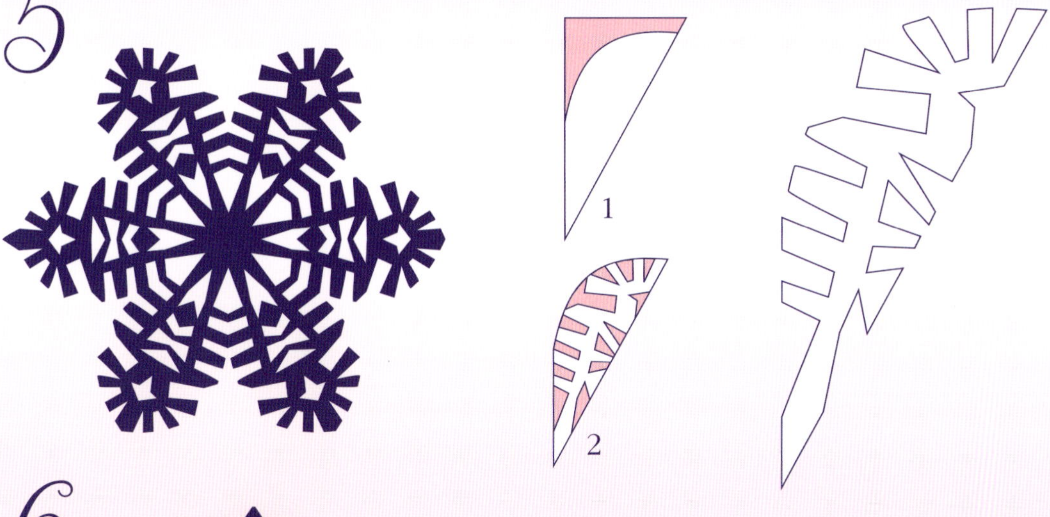

6

7

8

9

10

11

12

13

14

15

16

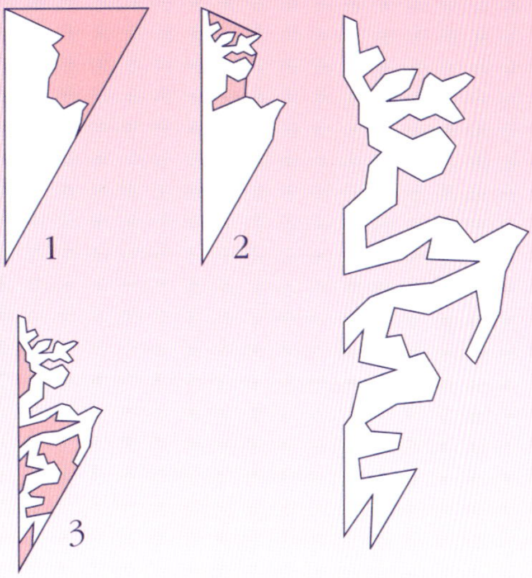

17

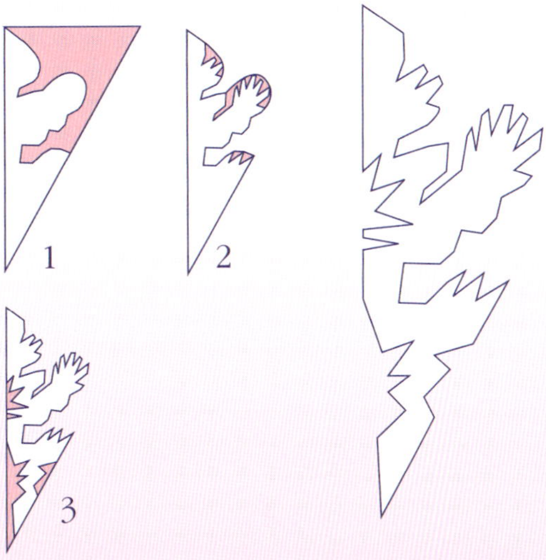

18

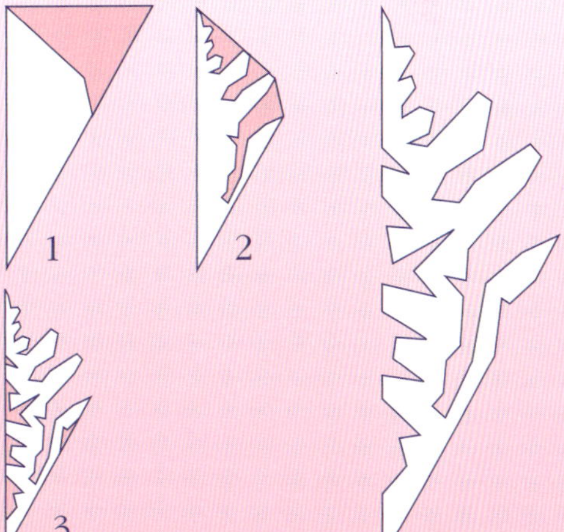

19

20

21

22

23

24

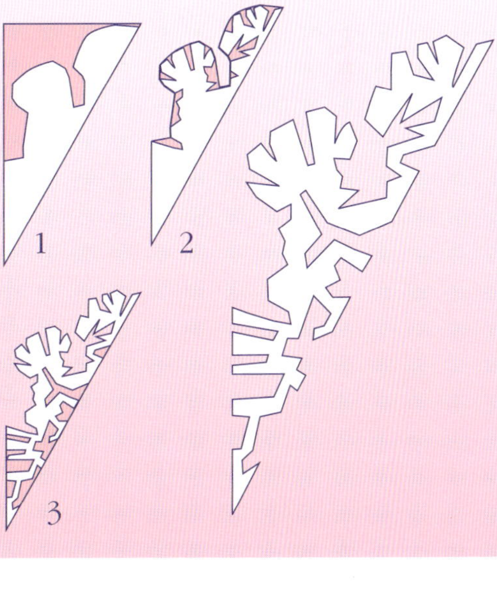

25

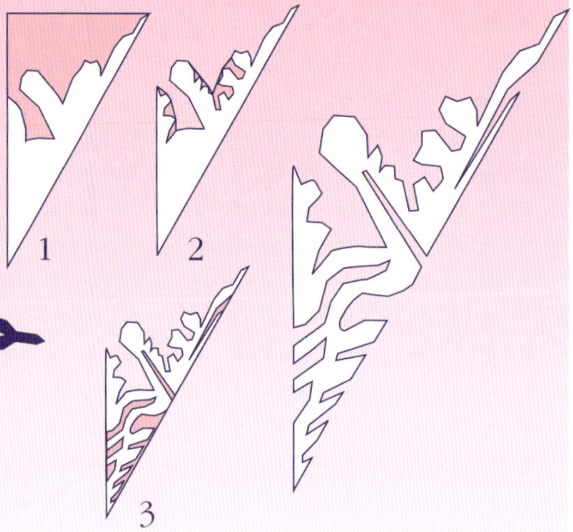

26

27

28

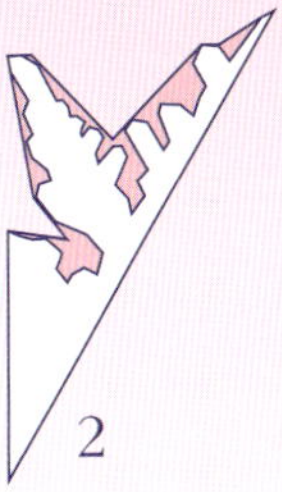

29

30

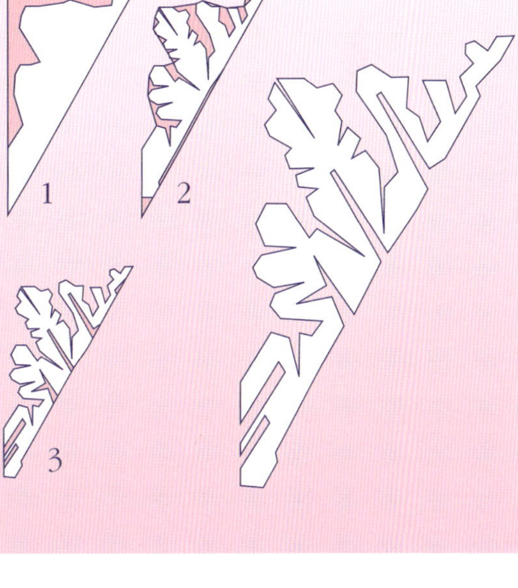

Снежинки-силуэты《スニェジーンキ　スィルエーティ》

雪の結晶シルエット

影絵《シルエット》とは、黒い紙をカットして作る肖像画や風俗画・風景画のこと。
いかにも西欧的な切り紙が多いのが特徴で、もとは信仰や日常が主題の物語挿絵《さしえ》から生まれました。
ドイツ・オーストリア・オランダ・デンマークには現在も影絵の学校や博物館があります。

ロシアに影絵の切り紙アートが伝わったのは、はるか昔。古代中国やインド、ペルシャなどアジア諸国では、すでに2000年以上前に切り紙で影絵芝居の登場人物を作っていたといいます。言い伝えによれば、影絵芝居が生まれた中国では、愛する妃《きさき》を亡くして悲しむ皇帝を慰めようと、皇帝の重臣たちが影絵術士らを連れてきたのだとか。亡き妃の影の切り紙は、その映し出された輪郭が際立つようスクリーンの裏に置かれ、影の動きによって皇帝を喪失感から救いました。それ以来、影絵遊びは宮中で親しまれる趣味になったのです。影絵芝居は国の宝となり、ほかの国々にも拡がりました。

西欧の人びとには、中国の影絵芝居と切り紙が同時に伝わりました。そのため18世紀まで、西欧では「シルエット」の肖像のことを「中国影絵」と呼んでいたのです。さてここで、16世紀初めにドイツで誕生し、その後ドイツやスイスの伝統となった切り絵「シェーレンシュニット」について触れておきましょう。シェーレンシュニットは複雑な模様が多く、モノトーンの、たいてい黒い紙をカットして作るのが基本です。主題はおもに花、鳥、樹木、動物や、日常のひとコマ、そして狩りの風景です。

☝『カード遊び』シルエット技法、18世紀末～19世紀初め。

☜『カップにホットチョコレートを注ぐ貴婦人』シルエット技法、18世紀末。

Bambi 作。『祝祭』*シルエット技法、2013 年。

＊：この作品は、日本語版のみの収録です。

N.V. イリイン作。『エフゲニー・オネーギン』挿絵、1949 年。

また、どの図案にも共通するのは、かならず「自然」が含まれていることです。木の枝葉の一枚一枚、草花の花びらやおしべまで、容易に数えられるくらい１つ１つが生き生きとして見えます。これは、慎重にカットされているからこそです。精巧《せいこう》なでき栄えと言われるのも当然で、一連のカット手順は「シルエット技法」と呼ばれています。

さて、「シルエット」という用語自体はだいぶ後れをとり、18 世紀のフランスで生まれました。中国の影絵芝居ではなく、フランス王ルイ 15 世の王室の財務総監、エティエンヌ・ド・シルエット（Etienne de Silhouette、1709-1767）の名字と関係しています。この人は、けちで打算的なことと猜疑《さいぎ》心の強いことで悪名高い人物。宮殿に仕える人びとに渡す給金を大幅に減らしたり、宮中で厳しい経済政策を敷いたりしました。そのおかげで国庫は補てんできたわけですが、シルエット本人は少なからず敵を作り、周囲から多くの中傷を受け、物笑いのタネになりました。一説には、あるとき宮仕えの１人が彼を題材にして描いた影絵の風刺画に「シルエット」と書き加えたといいます。

また、倹約にいそしむエティエンヌ・ド・シルエット本人が、安価な影絵の肖像作りを気に入り、自宅であるベルク＝シュル＝マルヌ城（Chateau de Berg sur Marne）の壁を、高価な有名肖像画家の絵画ではなく、親族や客人を描いたハンドメイドの影絵で飾ったとも言われています。じきに自宅はこうした影絵で埋め尽くされた広間でいっぱいになり、初めての“影絵博物館”とも言うべき、類い稀な一風変わった肖像画ギャラリーとなったのです。

このことが影響したかはともかく、これまでの絵画や彫刻よりもはるかに安上がりなことから、「輪郭を描く肖像画＝影絵」はたちまち人気となりました。そして、倹約家の財務総監が好んだこの影絵作品には、「ラ・シルエット（la Silhouette）」というレッテルが貼られたそうです（悪政の象徴として、安価で格式の低いものに対してつけられ軽蔑の意味をこめていました）。こうしてシルエットという名字は普通名詞となり、現在では、物体の輪郭を影で再現するような平面を「シルエット」と呼ぶようになりました。シルエットアートの最盛期は19世紀と考えられています。

20世紀になると、シルエット作家の切り紙は本の挿絵によく用いられました。たとえば、有名なドイツの切り紙アーティスト、エミール・ローゼは、『白雪姫と7人のこびと』や『ブレーメンの音楽隊』の物語の挿絵を制作しました。また、A.S.プーシキンの作品中に用いられた、切り紙アーティストN.V.イリインの挿絵は、ロシアでよく知られています。

さて、本書ではこのシルエット技法を、人間のイマジネーションでしか生まれないような、ちょっと変わった雪の結晶切り紙を作るために使ってみましょう。「雪の結晶シルエット」のモチーフは、自然からヒントを得ることができます。春には春の草花や渡り鳥に、夏には蝶や夏の草花、釣りや昆虫、秋には紅葉や果実、冬には冬のスポーツや雪の結晶、鳥、動物など、様々なものからインスピレーションが得られるでしょう。そのほかにも伝説や神話、おとぎ話、日常風景、日用品など、かなり多くのモチーフを、身の周りのありとあらゆる物事の中に発見できるのです。

本章で紹介された雪の結晶は、すべて実際にはさみでカットされていますが、ごくまれに切れ味のよいカッターが必要になることがあるでしょう。

「雪の結晶シルエット」を作るためのプロセス

1.「六角形ベース」を折りましょう。（P.14～15参照）

2.「六角形ベース」の片面に、鉛筆で下絵を描きます。オリジナルのデザインを描いても、本書の型紙を写してもよいでしょう。

3. 広げたときに本物そっくりの雪の結晶になるよう、細かい部分もはっきりと描き足しましょう。

4. カットするときは、雪の結晶の形が崩れないよう気をつけます。特に注意したいのが、六角形ベースの谷折り部分、つまり「輪《わ》」になっている箇所です。ここにカットしないところをあえて残すことで、パーツがバラバラになるのを防ぎます。

5. カットを終えたら、雪の結晶をそっと広げましょう。

6. シンメトリーを心がけ、広げた雪の結晶の細部に、はさみかよく切れるカッターで必要に応じて修正を入れます。

N.V.イリイン作。A.S.プーシキンの詩『冬が来た。村にいて何をしようか？』の挿絵、1949年。

『白雪姫と7人のこびと』E.ローゼ。童話の挿絵、1955年。

＊ A.S.プーシキン：［1799～1837］19世紀ロシア最大の詩人・作家で、ロシア国民文学を確立。

雪の結晶シルエット：フラワー（1）

雪の結晶シルエット：フラワー（2）

雪の結晶シルエット：たんぽぽ

雪の結晶シルエット：ベル

雪の結晶シルエット：チョウチョ(1)

雪の結晶シルエット：チョウチョ (2)

雪の結晶シルエット：チョウチョ(3)

ポイント！ 羽の模様は、はさみでなくカッターを使いましょう。

雪の結晶シルエット：チョウチョ（4）

雪の結晶シルエット：スズメバチ

雪の結晶シルエット：みつばち

雪の結晶シルエット：釣り

ポイント！ 図３と４の印をつけた箇所は切り抜かずに残します。

雪の結晶シルエット：パラシュート降下

雪の結晶シルエット：大聖堂

雪の結晶シルエット：天使たち

雪の結晶シルエット：ボール遊びをする女の子

雪の結晶シルエット：ウサギ

雪の結晶シルエット：メープルリーフ(1)

雪の結晶シルエット：メープルリーフ(2)

雪の結晶シルエット：キリン

雪の結晶シルエット：トラ

雪の結晶シルエット：シカ

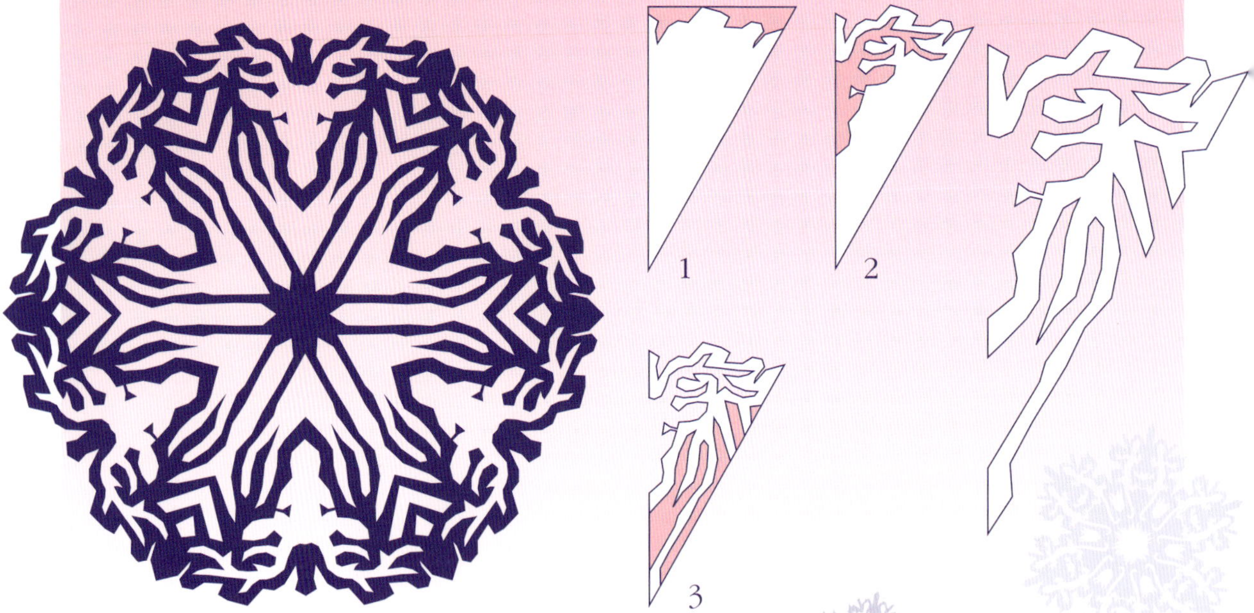

雪の結晶シルエット：キツツキ

雪の結晶シルエット：トカゲ

雪の結晶シルエット：ガチョウ

雪の結晶シルエット：月桂樹の枝をくわえた小鳥

雪の結晶シルエット：カモメ

雪の結晶シルエット：フェニックス

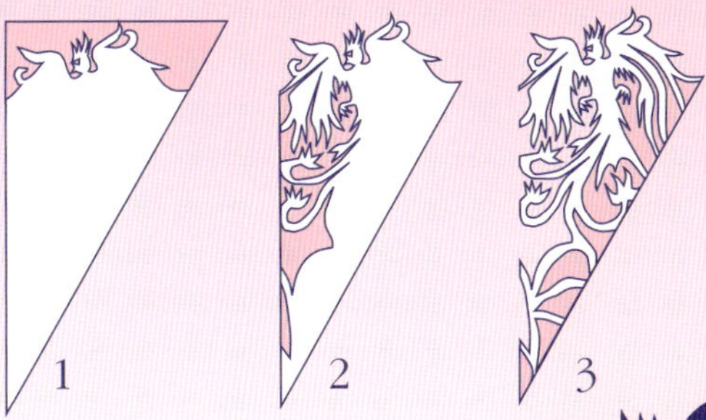

Снежинки-символы восточного гороскопа

スニェジーンキ　スィムヴォールィ　ヴォストーチナヴァガラスコーパ

十二支の雪の結晶

東洋占星術に登場する、十二支の動物たちの雪の結晶切り紙を紹介します。
これらはたいへん見栄えがよく、目にも新鮮に映ります。その年の干支をモチーフにした
雪の結晶切り紙をフレームに収めて壁にかけ、1年間鑑賞してもよいですね。
1年経ったら翌年の切り紙と取り替えましょう。

東洋の十二支は、ご存じの通り、毎年特定の動物がシンボルとされています。12種の動物が選ばれたのは、偶然ではありません。逸話によれば、あるとき、お釈迦さまが新年のお祝い（誕生日、宴会と解釈されることもあります）にすべての動物たちを招待したところ、この12種の動物たちがやって来たというのです。肌寒い季節でしたが、お釈迦さまのところへたどり着くには、大河を泳いで渡らなければなりませんでした。お釈迦さまは動物それぞれに対し、その到着順に、1年間の統治権を授けたのです。

1番乗りはネズミでした。ですから、12年の最初の年を授かったのでした。実は最初に岸にたどり着いたのは牡牛《おうし》（ベトナムの暦では水牛）だったのです。ところが、ネズミは牡牛の背中に乗って大河を渡り、牛が身体をゆすって水を払っているうちに、さっさと背中から飛び降りて祝席に向けて駆けだしました。こうして牡牛は2着に甘んじたというわけです。3番目に祝席に現れたのは虎。4着がうさぎ、またはアナウサギ（ベトナムの暦では猫）。5着は竜、6着には蛇が這ってたどり着き、7着は馬でした。8年目の統治権を授かったのは山羊（または羊）、9年目が猿、10年目が鶏。11番目には犬がゴールし、最後になんとか到着したのが猪でした（お釈迦さまはこの猪に最後の余り年を授けたのでした）。当然、ロシアではこの十二支のモチーフを避けて通ることはできません。なぜなら、大晦日には新年のシンボルである干支の雪の結晶で、室内や窓を目一杯飾るのですから。

このタイプの雪の結晶切り紙も「シルエット」に属すのですが、分かりやすくするために、独立したグループとしてまとめることにしました。これらの雪の結晶切り紙には細かな模様がたくさんあります。そのため、雪の結晶を大きくしすぎず、かつ、カッティング段階で破らないようにしなければいけません。それには、薄いけれども十分にコシのある紙を選ぶことが重要です。これらの切り紙のカットには、ラッピングペーパーか、薄口のトレーシングペーパーが、より適しています。

アドバイス

雪の結晶をフレームに入れる予定なら、早目に用意しておきましょう。そうすれば、雪の結晶を広げた時にフレームの中にきれいに収まるよう、カッティングの前に「六角形ベース」の大きさを調整することができます。

フレーム内の言葉：猫（卯）年

「十二支の雪の結晶」を作るためのプロセス

1. 「六角形ベース」を折り（P.14～15参照）、片面に鉛筆で模様を描いたり、型紙を写しましょう。

2. ベースの重なりがずれないように「輪《わ》」になっていない側をクリップではさんでから、雪の結晶の端のほうを下絵の線ぎりぎりのところでカットします。このとき、絵の細かい模様はカットせず、余分な紙を取り除くだけで構いません。

3. 線に沿って細かい模様を切り、雪の結晶の外枠部分の形を仕上げます。

4. ベースの「輪《わ》」になっている側から、線に沿ってカットしてください。

5. 反対側からも線に沿ってカットします。

雪の結晶をそっと広げ、好みによってフレームに収めてみましょう。フレームでしっかりと押さえておけば、のりがなくてもずれません。はさむだけなので、翌年には簡単に、別の雪の結晶に交換できます。

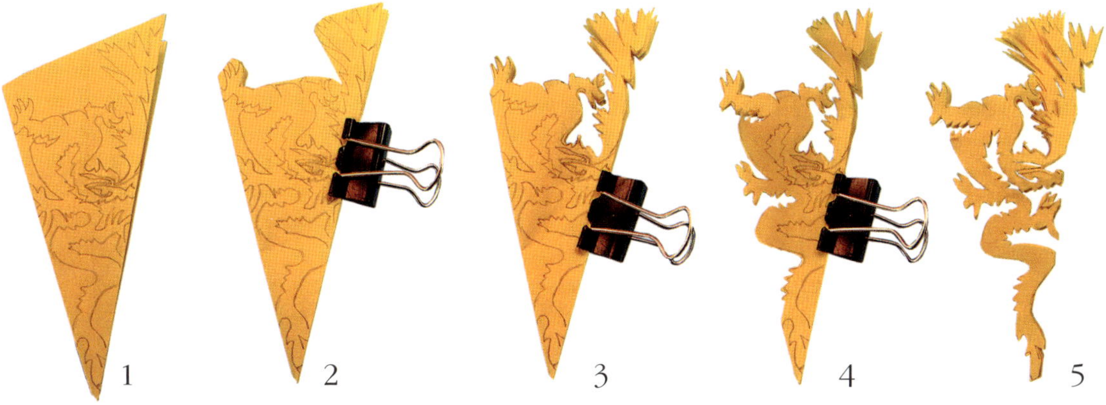

十二支の雪の結晶：子年

十二支の雪の結晶：丑年

十二支の雪の結晶：寅年

十二支の雪の結晶：猫年

十二支の雪の結晶：卯年

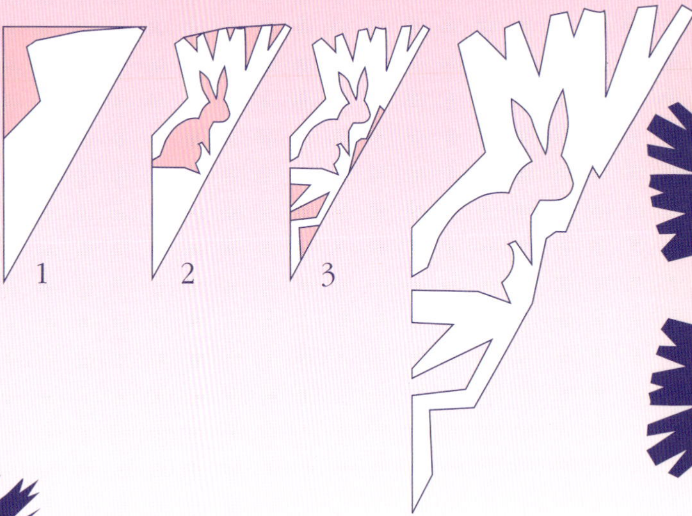

十二支の雪の結晶：辰年

十二支の雪の結晶：巳年

十二支の雪の結晶：午年

十二支の雪の結晶：山羊年

十二支の雪の結晶：未年

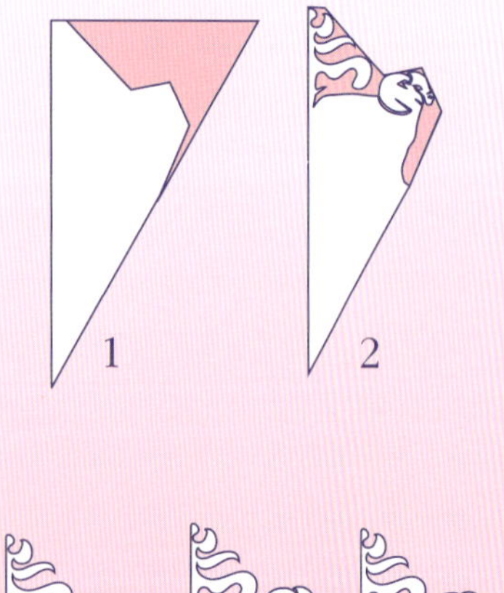

十二支の雪の結晶：申年

十二支の雪の結晶：酉年

十二支の雪の結晶：戌年

十二支の雪の結晶：亥年

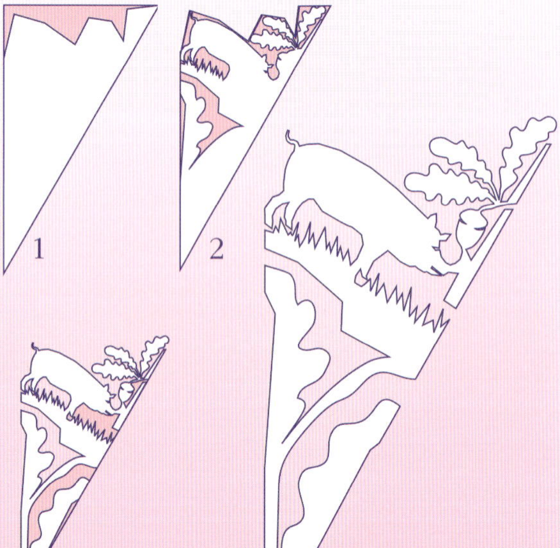

Глава 3
Вырезаем и украшаем

第3章　雪の結晶を飾りましょう

Снежинки в оформлении интерьера《スニェジーンキ ヴ アファルムレーニイ インテリエーラ》

インテリアを美しく飾る雪の結晶

ロシアでは、紙製の雪の結晶で住まいを飾る伝統に幼少期から親しんでいます。
あらかじめ固いもので補強しておき、窓ガラスに貼ってもよいですし、モビールにするのも
おすすめです。同様にランプシェードやパーティーテーブルの飾りにも使うことができます。
それでは作り方を見ていきましょう。

雪の結晶を窓飾りに

ロシアの家庭では新年を迎えるにあたり、手作りの雪の結晶で窓を飾る伝統があります。そして飾りを目にしているだけで気持ちが明るくなるので、「春までそのままにしておこう」と多くの人が考えます。作るときには、なるべく様々な大きさの雪の結晶ができるようにしましょう。そうすることで、雪の結晶はより華やかに、より本物そっくりに見えます。コピー用紙で作った雪の結晶切り紙は、固形石けんを溶かした濃い目の石けん水で窓に貼ることができます。手順は次の通りです。

1. 石けんひとかけを、水を薄く張ったボウルに入れてふやかし、濃い石けん水を作ります。

2. 指にふやけた石けんや石けん水をよくつけ、雪の結晶の中央に塗り、ガラスに貼ってしわを伸ばします。

窓飾りのバリエーション。雪の結晶に、雪だるまや雪姫（スニェグーロチカ）＊1、マロースじいさん（ジェット・マロース）＊2 のシルエットを添えるのもよいでしょう。

3. 続いて上部の枝先に塗り、貼っていきます。残りの枝先にもこれを繰り返しましょう。仕上げに、凹凸がなくなるように全体のしわを伸ばします。

小ぶりの雪の結晶なら、一度に全体へ石けん水を塗り広げても構いません。しかし、大きな切り紙にはしないで下さい。主枝の１つをぴんと伸ばすうちに紙がふやけて破れてしまうからです。このようにして貼った雪の結晶切り紙は、一般的なカッターで引っかけるだけで、形を崩さず簡単にはがせます。石けんでやや黄ばみはしますが、切り紙は破損せず、なにより貼る前よりも丈夫になります。翌年にはこれらをつなげて、モビールにしてもよいでしょう。

雪の結晶を長もちさせる

雪の結晶切り紙は、クリスマスツリーの飾りやモビールにすることができます。雪の結晶を丈夫で、しわもなく、形を保ったまま長持ちさせるには、次の手順でコーティングしてください。

1. 水平に置いたガラス、またはプラスチック板の上に雪の結晶を広げます。

2. 雪の結晶の片面に小さな刷毛で、市松のり（和紙工芸用のり）か壁紙用のりをそっと塗ります。これらののりがなければ、でんぷんのり（紙工作用のり）を手作りで用意しましょう。

【作り方】片栗粉大さじ１に少量の冷たい水（1/4 カップ）を注ぎ、よくかき混ぜます。そこに、沸騰した湯（3/4 カップ）を細い筋状に注いでください。ダマにならないようひたすらかき混ぜましょう。作りたての温かいのり（30 ～ 40℃）を使うのが最適です。また、湯を注ぐ前に、ふるいにかけた少量の小麦粉を加えておくと、強度のあるのりができあがります。

＊1：ロシア民話の登場人物で、マロースじいさんの孫娘。
＊2：ロシアのクリスマスにかかせない、サンタクロースに相当する人物。

3. のりを乾かしましょう。

4. カッターを使って、切り紙をガラスまたはプラスチック板からはがします（慎重にそっと、端を引っかけるように）。

5. 必要に応じて、反対の面にも市松のり、壁紙用のり、またはでんぷんのり（紙工作用のり）を塗り、乾かします。

6. 必要に応じて、雪の結晶の主枝の１つに、ひもや別の紙などで、飾り付け用の輪っかを貼りつけたらできあがりです。

雪の結晶をテーブル飾りに

お祝いの席やパーティーを彩るテーブル飾りには、大きな白いペーパーナプキン（正方形で、４つ折りのもの）を用意し、それで雪の結晶〈大〉１つ、〈小〉２～８つを作っておくと、テーブルが華やぎます。ペーパーナプキンは、多重タイプのものを使用すれば、重ねを分けることで、まったく同じ形の雪の結晶を一度に複数作ることができます。それぞれ大きさの異なる雪の結晶を作りたいときは、あらかじめペーパーナプキンの重ねをはがしておき、それぞれで作りましょう。

1. 多重タイプのナプキン（ここでは例として３枚重ねを使用します）の重ねから１枚をはがして、切らずに「六角形ベース」を折りましょう。（P.14～15 参照）

2. そのベースに模様を描き、線に沿ってカットします。

3. 細心の注意を払って切り紙を広げ、すぐにテーブルクロスの上で伸ばし広げてください。とても柔らかいため、あちこち移動させると、それだけで破れてしまうこともあるので注意しましょう。

4. 残りの２枚は、重ねをはがさずにナプキンの折り線に沿って４つの正方形にカットしてください。それぞれの正方形で「六角形ベース」を折ります（ここでも正方形の重ねを分ける必要はありません）。

5. １組のベースの片面に鉛筆で模様を描き、線に沿ってカットしましょう。このとき、結晶が破れやすいので、あまり複雑でない模様を選びましょう。

6. 完成した雪の結晶をそっと広げ、２枚をばらします。これでまったく同じ形の雪の結晶が２つできました。

テーブルが大きければ、残る３組の小さな正方形からさらに６つの雪の結晶を切り出します。形や模様を同じにするか、変化をつけるかは作り手次第です。いずれにせよ、少しの時間さえあれば、テーブルをじつに華やかに飾ることができるのです。

アドバイス

パーティー用のテーブルクロスは、濃い色を選んでください。雪の結晶の白色・クリーム色がよく映えますよ。

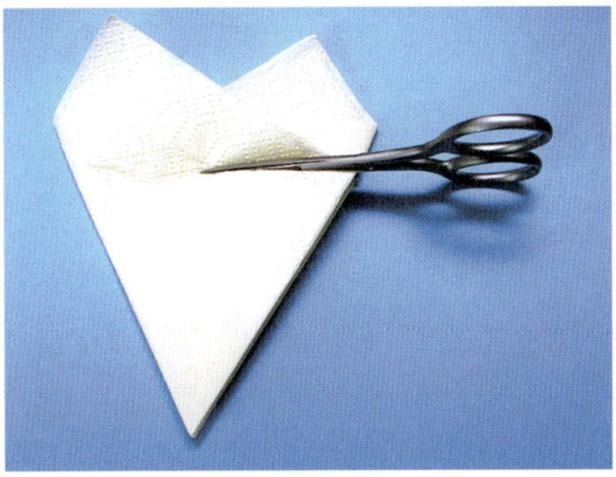

雪の結晶をランプシェード飾りに

テーブルランプなどのランプシェードに貼られた雪の結晶切り紙は、とても美しいものです。切り紙を作る紙の色はランプのスタイルに調和し、かつアクセントになるものでなくてはなりません。また、同一のデザインでも、大小さまざまな雪の結晶を使うことで、ぐっと魅力的な印象になります。

1. 折り紙またはカラーのコピー用紙で「六角形ベース」を折りましょう(P.14～15参照)。型紙にしたがってベースの片面に模様を写し、線に沿ってカットします。

2. 雪の結晶をそっと広げ、薄紙を上にかぶせてアイロンで折り目を伸ばします。

3. 完成した雪の結晶をランプシェードに固定しましょう。糸を通した針で数カ所縫いつけてください。

Оформление снежинками подарочных коробок

アファルムレーニエ　スニェジーンカミー　パダーラチスィフ　カローバク

雪の結晶のギフトボックス飾り

雪の結晶はギフトボックスの飾りつけにも使えます。
たとえば六角形のボックスなら、ボール紙から簡単に自作することができます。

ボックスを自作するなら、雪の結晶のサイズに合わせて作るのがよいでしょう。このとき、まずは雪の結晶を広げて直径を測ってから、ボックスの制作に取りかかります。また逆に、初めにボックスを作っておき、（中に収めるプレゼントの大きさに合わせて）「六角形ベース」を折る方法もあります。ボックスのふたに「六角形ベース」を貼り、はみ出した箇所があれば切り落とします。雪の結晶はボックスより少し小さいか、逆に少し大きくするのがおすすめです。その際、主枝が長く伸びている模様を選びましょう。はみ出た場合は、箱の側面に折り曲げることになります。ボックスは、雪の結晶と対照的な色のほうが引き立ちます。

六角形ボックスの作り方

1. ボックス用のボール紙の上にコンパスで円を描きます（工作用紙がおすすめです。裏面が方眼になっているボール紙なので作りやすいでしょう）。定規で中心点を通る直径の線（下図 L ）を引きます。直径と円の交わる点にコンパスの軸を置き、先に描いた円と同じ半径のまま、図のように２つの半円を描きます。

2. 最初に描いた円と、手順 1. で引いた直径（L）、そして半円が交わる点をそれぞれ直線で結ぶと、六角形ができます。これが箱のふたの大きさになります。

3. 六角形の対角線を結んで延長し、辺となる同一の長さの線で囲むと、１つ目よりも大きな六角形ができます。これがふたの側面、つまりふたの高さになります（下図 B ）。

4. 内側の六角形の角を、図のように直線で結びます。

5. 外側の六角形の角を、図のように三角に切り落とします。

6. 線に沿って六角形を折り曲げます。正確に折り線をつけるには、あらかじめ六角形の裏面（ふたの内側）にカッ

1

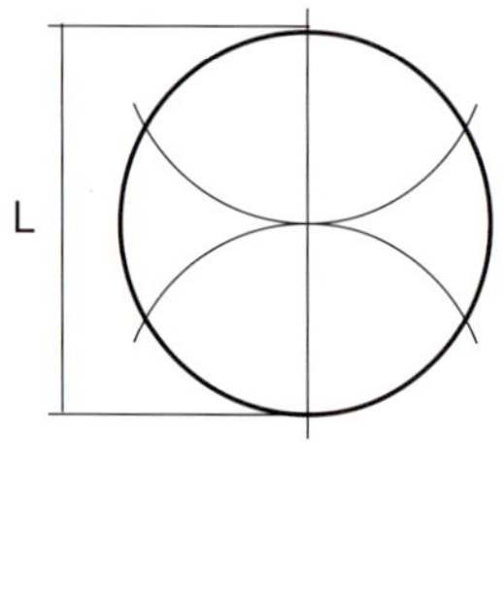

2

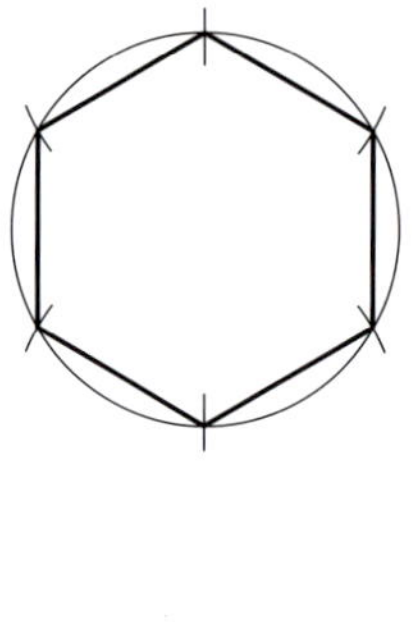

3

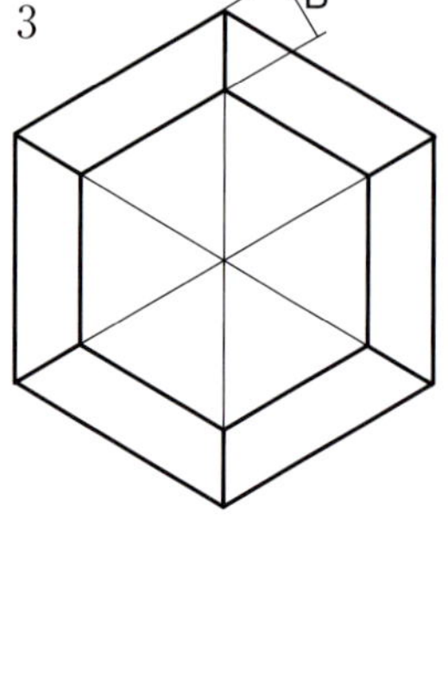

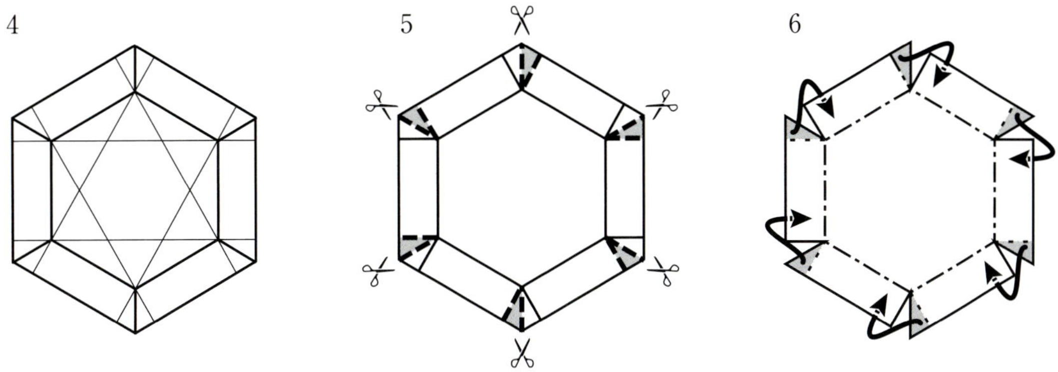

ターの背で線を軽く引いておくとよいでしょう。図のように、三角部分がふたの内側になるようにのりづけします。

ポイント！

同じ要領で手順 1. ～ 6. を繰り返し、ふたよりも側面の高さを長くしてボックスの底の部分を作りましょう。その際、底辺がふたよりも 1 ～ 2mm 小さくなるように（ボール紙の厚みに応じて）、また最初に描く円の直径（L）も 1 ～ 2mm 小さくなるようにするのがポイントです。

ボックスを雪の結晶で飾る

それでは１つの例として、雪の結晶シルエットで六角形のギフトボックスを飾ってみましょう。

1. 雪の結晶シルエットの切り紙は、ボックスのふたよりも大きいサイズで作ります。こうすることで、ふたの側面に雪の結晶の枝先が美しく広がります。

2. できあがった雪の結晶を広げ、薄紙をあてて折り目を押し伸ばします。

3. 雪の結晶をずらすことなく貼りつけるために、ふたの中心に印をつけます。

4. ボックスの側面に枝先が伸びるように雪の結晶を貼ります。あとはプレゼントを箱づめすれば、完成です。

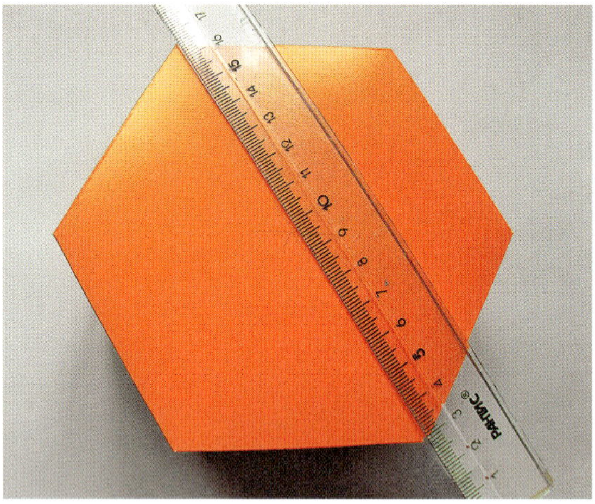

雪の結晶切り紙……ロシアでは、このような「ささやかな魔法」を誰もが子ども時代に経験します。心をこめて、正方形を折って、切って、広げて…。まるで奇跡のようなハンドメイドの雪の結晶は、なんと素晴らしいものでしょう。お祝いのムードも一気に高まります。

著者である、ヴィクトリア・ウラジーミル・セロフ夫妻は、世界的に有名な切り紙・折り紙の名人です。何の変哲もないコピー用紙から、自然が「息づいている」かのような「雪の結晶」を切り出します。冬には決まって夫妻の自宅の窓を見事な模様が彩り、道ゆく人を惹きつけて止みません。

本書は、自宅を「雪の女王のお城」のようにイメージチェンジしたい方におすすめです。雪の結晶オーナメントから、(本物の雪の結晶の形にもとづく)雪の結晶フォルム、雪の結晶シルエット、果ては十二支に登場する動物たちにまで、趣向をこらした著者オリジナルの切り紙が多数楽しめます。そして、詳しい説明と見本を参考にすれば、すべての作品を作ることができます。美しい「切り紙」をフレームに入れたり、ギフトボックスに貼ったり、つなげてモビールにしたり。雪の結晶切り紙は、新年に向けた最高のプレゼントになるはずです！

井上 歌織（Kaori Inoue）

1983年北海道生まれ。フリーランス翻訳者、チェッカー。東京外国語大学外国語学部ロシア・東欧課程ロシア語専攻卒業。ウラジオストクの極東国立総合大学（現　極東連邦大学）に1年間留学。在学中から伝記、資料などの翻訳やウラジオストク旅行案内誌の翻訳を担当する。2005年スペシャルオリンピックス冬季世界大会・長野ではボランティア通訳を務める。船会社にて運航管理の傍ら翻訳・通訳経験も積み、翻訳学校を経てフリーランスに。ロシア文化をこよなく愛する。東京在住。

翻訳協力：株式会社トランネット

切り絵制作（P.45）：Bambi
URL ☞ http://bambischerenschnitt.wix.com/bambi
E-mail ☞ bambi.scherenschnitt@gmail.com

～ロシアから舞い降りた～ 切り紙でつくる 雪の結晶

2013年11月20日　第1刷発行
2015年10月20日　第2刷発行

著　　者　V.V. セロワ　V.J. セロフ
訳　　者　井上 歌織
発 行 者　山崎 正夫
印刷・製本　株式会社シナノ
発 行 所　株式会社マール社
〒113-0033　東京都文京区本郷1-20-9
ＴＥＬ　03-3812-5437
ＦＡＸ　03-3814-8872
http://www.maar.com/

ISBN978-4-8373-0544-6　Printed in Japan